HEYNE <

GABRIELE POCHHAMMER
NINA FAECKE

Jung (Ü50) sucht –

HABE FALTEN, SEHE ABER AUCH DEINE NICHT MEHR SO GUT

Flirten, Dating & Liebe für alle,
die sich neu verlieben wollen

WILHELM HEYNE VERLAG
MÜNCHEN

MIX
Papier | Fördert gute Waldnutzung
FSC® C014496

Penguin Random House Verlagsgruppe FSC® N001967

Originalausgabe 01/2025

Produktsicherheit@penguinrandomhouse.de

Dieses Werk wurde vermittelt von dots&plots.
Redaktion: Desirée Šimeg
Umschlaggestaltung: DAS ILLUSTRAT, München
Umschlagmotiv: Shutterstock.com (JuliaMaybug)
Bild Innenteil: Privatarchiv Gabriele Pochhammer
Satz: satz-bau Leingärtner, Nabburg
Druck: GGP Media GmbH, Pößneck
Printed in Germany
ISBN: 978-3-453-60700-2

www.heyne.de

Inhalt

Zeit für eine LOVEolution!

Wilde Liebe mit 50 plus, ein Urlaubsflirt mit Anfang 60 oder Hochzeit im Ruhestand? In der zweiten Lebenshälfte ist alles erlaubt und vor allem möglich – wenn wir es nur tun. Wir knutschen auf der Couch, fummeln im Auto und tippen prickelnde Textnachrichten in unsere Smartphones. Oder wir haben den Wunsch danach. Fest steht: Wir Älteren wollen es noch mal wissen, auch wenn der letzte Kuss Jahre her, die Schriftgröße im Smartphone zu klein und der Haaransatz längst grau ist.

Viele von uns haben ihre große Liebe verloren und fragen sich, ob da überhaupt noch mal etwas Schönes kommen kann. Andere kommen aus einer langen Partnerschaft und fühlen sich nun bereit für einen kleinen Flirt mit ungewissem Ausgang. Wieder andere wollen nur mal vorsichtig um die Ecke lugen und sehen, was das Leben noch für sie bereithält. Andere fragen sich: »Kann ich überhaupt noch flirten?«, »Wo finde ich denn meinen neuen Partner eigentlich?« oder »Was mache ich, wenn sich Schmetterlinge in Körperregionen melden, von denen ich gar nicht mehr wusste, dass sie existieren?«

Glauben Sie mir: Ein dicker Blumenstrauß an Gelegenheiten,

Menschen, kleinen und großen Abenteuern erwartet Sie. Damit Sie nicht nächstes Jahr noch endlose Runden im Supermarkt drehen, in der Hoffnung, dass Ihnen ein schnieker Typ oder eine pfiffige Lady in die Hacken fährt, gibt es dieses Buch. Und aus einigen weiteren Gründen.

Manchmal gehören zur Liebe mit Lachfalten eine Menge Mut, Offenheit und Selbstwert. Das ist aber gar nicht so einfach, wenn unser Alter in der Dating-App gar nicht mehr anwählbar ist oder uns die Paten- und Enkelkinder ständig in Beschlag nehmen. Oder wenn wir das Gefühl haben, unseren verstorbenen Partner zu hintergehen, weil wir uns noch mal verlieben. Dagegen kann eines helfen: Menschen, die Ähnliches erlebt haben. Menschen, die ebenfalls Bekanntschaft mit dem Kummer gemacht haben, aber auch die Höhen kennen und auskosten. Menschen, die das Leben lieben und uns signalisieren: »Ich kenne diese Gefühle, die wunderbaren und die schrecklichen. Du bist nicht allein.«

Mein Name ist Gabriele Pochhammer, und ich bin mit Anfang 60 die wahrscheinlich älteste Neugründerin einer Partnervermittlung für Menschen in der zweiten Lebenshälfte. Ich habe jahrelang in der Touristikbranche gearbeitet, bevor ich mit 60 beschloss, ab sofort Amor, Eros, Aphrodite und Venus zu spielen. Ich bin aber auch einfach Gabi. Gabi, die als junge Frau beschloss, vieles anders zu machen als manche ihrer Freundinnen. Gabi, die sich manchmal einsam fühlte, aber immer schon die weibliche Version eines Stehaufmännchens war. Gabi, die ihre große Liebe erst fand, als alle anderen ihre Schäfchen längst ins Trockene gebracht hatten. Gabi, die mit Ü60 plötzlich selbst wieder auf dem Dating-Parkett stand und dabei große Augen machte. Seitdem weiß ich übrigens, dass die Suche nach der späten Liebe immer auch ein Date mit dem Leben voraussetzt. Und dass wir Best-Agerinnen, Silversurferinnen, Oldies, Frauen im besten Alter – wie auch immer man uns nennen mag –, Lust auf Begegnungen, Liebe, Zärtlichkeiten und Sexualität haben.

Falls Sie als Mann hier mitlesen, beglückwünsche ich Sie. Denn nach der Lektüre werden Sie vermutlich mehr über Frauen wissen als die meisten anderen Männer. Falls Sie als Frau Frauen lieben, dann ist dieses Buch ebenfalls für Sie, auch wenn an mancher Stelle von Frauen und Männern die Rede sein wird. Meine LOVEolution ist für alle da, und ich wünsche mir, dass Sie alle sich willkommen fühlen!

LOVEolution – liebevolle Revolution –, so nenne ich mein bescheidenes Vorhaben: eine Neugestaltung für das Liebesleben jenseits der 50. Ja, wir sind älter geworden, aber wir sind noch da, und wir haben noch viel vor. Bloß weil wir mit dem ein oder anderen Hormonzirkus konfrontiert sind oder waren, heißt das nicht, dass wir kein Interesse mehr an Berührungen, lustvollen Stunden und genüsslichen Exzessen haben. Ganz im Gegenteil, mittlerweile weiß die Forschung nämlich: Das, was die etwas in die Jahre gekommene Libido kleinhält, ist zu großen Teilen die allgemeine Überzeugung, dass Liebe und Sex im Alter nicht mehr vorkämen. Oder wenn doch, dann nur heimlich, still und leise. Husch, husch ins Körbchen mit diesem Tabustatus, und hallo (Liebes-)Leben!

Wir Ü50-Frauen wollen Händchen haltend durch die Straßen schlendern. Wir wollen im Solo-Urlaub neue Leute kennenlernen. Wir wollen flirten, bis der Morgen graut. Wir wissen, was Dirty Talk ist, auch wenn ein Auffrischungskurs uns vielleicht ganz guttäte. Wir sind bereit, uns fallen zu lassen, auch wenn es sich ungewohnt anfühlt. Wir sind bereit, unseren älter gewordenen Körper neu kennenzulernen. Und wir sind bereit für unser Date mit dem Leben.

»Die schönsten Töne
werden auf den ältesten Geigen gespielt.«

Ralph Waldo Emerson

Konventionen? Nein danke! Oder: Wie ich Hamburgs berühmteste Partnervermittlerin wurde

Warum sind wir eigentlich der Meinung, zu zweit durchs Leben gehen zu müssen – oder zu dürfen? Wieso hat das Lebensmodell Single einen so schlechten Stand in der Gesellschaft, während die Ehe das einzig wahre Ziel im Leben zu sein scheint? Dabei kann Ungebundenheit doch so schön sein!
Ein Kapitel über unkonventionelle Entscheidungen, die Kraft der Selbstbestimmung und das längst überfällige Ende des Witwentischs.

»Ja, moin, könnte ich bitte mal Herrn Wattzeck sprechen?«, flötete der Mann am anderen Ende der Leitung ins Telefon.

»Moin! Sie wollen sicher die Tapioka-Preise haben. Die kann ich Ihnen auch durchgeben«, antwortete ich.

Jeden Morgen riefen die Händler bei uns im Büro in der Hamburger Speicherstadt an, um die aktuellen Preise für Getreide- und Futtermittel zu erfragen, um dann ihre Bestellungen zu tätigen. Die Frauen im Betrieb arbeiteten normalerweise in der Abwicklung und nicht im Handel, aber weil ich als Auszubildende in allen Bereichen eingesetzt werden musste, saß ich an diesem Tag zum ersten Mal im sogenannten Männerbereich.

»Na, aber ich höre doch ganz deutlich, dass Sie eine Frau sind«, stellte der Herr am anderen Ende der Leitung messerscharf fest. Schlagartig hatte sich in seinen flötend-freundlichen Ton Verwunderung, eventuell sogar ein Hauch von Empörung gemischt.

»Ich kann Sie aber genauso gut informieren wie Herr Wattzeck oder jeder andere Kollege.«

»Also ich weiß nicht. Das macht doch immer der Herr Wattzeck.«

»Wollen Sie die Preise jetzt oder nicht?« Nun war ich es, in der langsam, aber sicher ein Hauch von Empörung aufstieg.

»Kennen Sie die aktuellen Preise denn überhaupt?«

»Na klar kenne ich die, die Tabelle liegt ja hier vor mir.«

Der Herr hielt inne. Die Stille am Telefon war so laut, dass ich förmlich hören konnte, wie es in seinem Kopf ratterte. Nach kurzer Pause und einem schweren Ausatmen folgte sein Urteil: »Na gut, dann schieß mal los, mien Deern.«

1976 hatte ich meine Ausbildung als Kaufmann im Groß- und Außenhandel für Getreide- und Futtermittel in meiner Heimatstadt Hamburg begonnen. »Kaufmann«, Sie haben richtig gelesen. Damals gab es lediglich die männliche Bezeichnung, die Form »Kauffrau« existierte für diesen Beruf schlichtweg noch nicht. Ohne vorher großartig über Männer, Frauen oder sonst etwas nachgedacht zu haben, war ich als 16-Jährige in einer Männerdomäne gelandet.

Sie fragen sich vielleicht, warum ein Buch über spätes Verlieben und Sexualität im Alter in der Zentrale eines Getreide- und Futtermittelhandels beginnt. Dafür gibt es mehrere Gründe. Um den ersten zu erklären, muss ich ein bisschen ausholen: Wenn wir offen über Liebe, Sex und Zärtlichkeiten mit 60, 70 oder 80 sprechen, findet die Gesellschaft das nicht mehr ganz so sexy, wie wenn es um jüngere Menschen mit jüngeren Körpern geht. In den meisten Fällen hat sie Berührungsängste, selbst wenn sie einen scheuen Blick riskiert: »Ach so, ältere Frauen haben noch eine Libido! Wusste ich gar nicht.« Oder, und das ist der schlechteste Fall, die Gesellschaft schaut pikiert weg und ignoriert uns. Somit steht eines fest: Wir brechen mit Konventionen, wenn wir laut sagen, dass sich die 60-jährige Jutta gerade bei einer Partnervermittlung angemeldet hat, dass es Barbara mit ihrem Neuen krachen lässt, seit die Kinder aus dem Haus sind, oder dass unsere alte, verwitwete Großtante aus dem Ruhrpott frisch verliebt ist. Vielleicht sind Sie ja auch so eine frisch verliebte »alte Tante«? Umso besser! Wo mit Tabus und Konventionen gebrochen wird, fühle ich mich zu Hause.

Der zweite Grund für diesen unüblichen Anfang eines Ratgebers über die Liebe in der zweiten Lebenshälfte: Das hier ist kein üblicher Ratgeber für Frauen im sogenannten besten Alter, sondern ein Buch, das Lust machen soll. Auf das Leben, auf Genuss, auf prickelnde Begegnungen, auf älter gewordene Körper – den eigenen wie auch andere –, beflügelnde Flirts und echte Momente mit uns selbst und mit allem, was wir sind.

Und Grund Nummer drei: Wir Ältere wollen es noch mal wissen. Das stelle nicht nur ich fest, das belegen auch Zahlen: Über 30 Prozent der deutschen Singles zwischen 60 und 80 wünschen sich Liebe im hohen Alter. Fast ein Drittel von ihnen ist häufiger sexuell aktiv als ein Drittel der 20- bis 30- Jährigen im Durchschnitt.[1] Verschiedene Studien zeigen außerdem, dass sich 12 bis 47 Prozent der Frauen jenseits der 60 regelmäßig selbst befriedigen.[2] Halleluja! Ganz allgemein lebe die Generation 50 plus freier und kompromissloser als Generationen gleichen Alters vor ihr. Insbesondere Frauen fühlten sich energiegeladen und jung – im Schnitt acht Jahre unter ihrem biologischen Alter. Das sind Erkenntnisse, mit denen man gut arbeiten kann, würde ich sagen. Wie jung oder alt fühlen Sie sich?[3]

Silver Sex und die Frage: Will ich überhaupt noch?

Liebe, Sex und Zärtlichkeiten jenseits der 50? Nackte, um die 60 Jahre alte Körper? Die Gesellschaft tut gerade so, als hätte Leidenschaft ein Verfallsdatum, dabei hören Bedürfnisse in der zweiten Lebenshälfte nicht auf, sie verändern sich nur. Die Generation der Ü50-Jährigen ist sexuell aktiv. Nur 22 Prozent geben an, gar keinen Sex zu haben. 49 Prozent wünschen sich mehrmals im Monat körperliche Liebe.[4] Silver Sex hat also lediglich ein Image-Problem – lassen Sie uns das ändern.

Es gibt genug Silversurferinnen und -surfer, die sich regelmäßig im Internet tummeln und dabei nicht nach einer Zusatzversicherung oder einem Treppenlift suchen, sondern nach Online-Dating mit 50, 60 oder 70 Jahren. In der analogen Welt verhält es sich ähnlich: Da ist etwa die Freundin, die ihren alten Brieffreund zum ersten Mal nach Jahren wiedertrifft und auf einmal ein Kribbeln im Bauch bekommt. Oder die Nachbarin, die mit Mitte 50 zum ersten Mal online flirtet und seitdem immer so rosige Wangen hat. Oder vielleicht sind es ja auch Sie selbst, die seit dem Verlust Ihrer großen Liebe oder seit der Scheidung wieder etwas im Herzen spüren? Dieses Gefühl von: raus ins Leben und mal sehen, was es noch bereithält. Damit sind Sie nicht allein. Dieser Wunsch hört nicht auf, nur weil wir alte Hasen sind. Vielleicht ist nur unser inneres Stimmchen über die Jahre und die Erlebnisse und mit Blick auf unser Geburtsjahr etwas leiser geworden. Liebe und Sexualität im Alter gibt es, wir sprechen nur zu wenig darüber, und wir sehen zu wenig davon.

Lassen Sie uns die Zeit ab sofort besser nutzen. Lassen Sie uns flirten, lachen, unter der Dusche singen, neue Bekanntschaften machen, dem Kribbeln im Schoß nachspüren und uns vielleicht sogar verlieben. Es ist nicht üblich, mit 60 noch über Quickies und Vibratoren zu plaudern? Oder sich hemmungslos zu verknallen, statt die Enkelkinder zu hüten? Na, dann machen wir es doch zu etwas Üblichem, und zwar im positivsten Sinne. Die Kleinen können Sie natürlich nach der Lektüre weiter hüten, aber jetzt sind erst mal Sie dran.

Es ist mir eine Herzensangelegenheit, einen Blick auf das Unübliche zu werfen, denn auch mein Lebensweg folgte oft nicht den Normen, die in den 70er-, 80er- und 90er-Jahren für Frauen galten. Eher störten sich manche Menschen an meinen Entscheidungen, meiner Freude am Genuss, meiner Freiheitsliebe. Und später, jenseits der Jahrtausendwende, gerade als ich dachte, alles wäre in trockenen Tüchern, zog es mir den Boden unter den Füßen weg, sodass ich wieder mal »nicht richtig« war als Frau in dieser Gesellschaft. Aber der Reihe nach.

Als Auszubildende zum Kaufmann und Henne im Korb hatte ich meinen Platz innerhalb dieser Männerwelt rasch eingenommen. Und ich genoss ihn. Das zackige Tempo, in dem ich Transaktionen oder Verkäufe abwickeln musste, entsprach meinem Naturell. Ein Telefonat hier, ein Angebot da, zwischendurch Wareneinkäufe und immer einen kessen Spruch auf den Lippen. Und ganz nebenbei lernte ich, Menschen zu lesen. Während die meisten Männer nicht gern um Hilfe baten, wenn sie etwas nicht konnten, gingen Frauen offener mit Nachfragen um. Und wenn doch mal ein Mann um Hilfe fragte, dann führte er meist etwas im Schilde.

Es war die Zeit von Jane Fonda, die, nachdem sie sich laut gegen den Vietnamkrieg engagiert hatte, zur Aerobic-Ikone mutierte. Für Sport interessierte ich mich kaum, die Fonda fand ich aber toll. Weil ich aus einem klassisch hanseatischen Elternhaus kam, bekam ich all das nur aus weiter Ferne mit. Abendliches Ausgehen missfiel meinem konservativen Vater – »Um 22 Uhr ist das Kind zu Hause!« –, wobei »das Kind« damals bereits steil auf die 20 zuging. Ich hatte das Bedürfnis auszubrechen, zumindest ein bisschen. Also zog ich für ein Praktikum in einem Autohaus nach München um. Zum ersten Mal Miniröcke, Partys bis frühmorgens und jungen Männern schöne Augen machen – eine Art Erwachen für ein überbehütetes Mädchen wie mich. Erinnern Sie sich an das Gefühl, wenn man auf einer Schaukel sitzt und von hoch oben wieder Richtung Erde saust? Dieses unfassbare Kribbeln! Ich lernte es in diesen Jahren von einer völlig neuen Seite kennen. Dieses neue Lebensgefühl nahm ich sechs Monate später mit zurück nach Hamburg, wo ich nicht wieder bei meinen Eltern einzog, sondern mir eine kleine Wohnung suchte.

Statt in die Autobranche zu wechseln, zog es mich zurück in die internationale Welt des Handels und der Seefahrt. Ich heuerte in einer großen Schiffsmaklerei in Hamburg an. Bis auf die Tatsache, dass ich einen Macho-Vorgesetzten hatte, war das ein interessanter Job und vor allem die Vorstufe für meine nächste Stelle: Mit Mitte 20 fing ich in der sogenannten freien Schifffahrt an. In meinem Fall bedeutete das, Routen für Kapitäne und ihre Frachter zu planen, die beispielsweise Stahlträger von einem Hafen über den Suezkanal oder Kap Hoorn in den anderen verschifften. Noch immer rief der eine oder andere: »Nu' mach ma hinne, mien Deern!«, aber ich wusste den rauen Ton, der in meiner Branche herrschte, zu nehmen.

Es war zwar eine handfeste Welt, in der ich mich da bewegte, aber bisweilen auch eine ungemein schillernde. Ich erinnere mich an opulente Feiern in edlen Hamburger Restaurants mit Schiffsmaklern und Reedern, mit deren Organisation ich als gerade mal Mitte-20-Jährige betraut war. Es wurde getanzt, getrunken, gelacht, und nebenbei schloss man weltumspannende Deals mit Handschlag. Nach jeder gelungenen Veranstaltung fühlte ich mich ein paar Zentimeter größer. Beruflich jonglierte ich mit fernen Ländern, privat bereiste ich sie. Besonders angetan hatten es mir Spanien, Großbritannien und die Vereinigten Arabischen Emirate.

Während ich an meiner Karriere arbeitete, heirateten die meisten meiner Freundinnen. Ich hingegen liebte es, auf mehreren Hochzeiten zu tanzen. In so mancher stillen Stunde fragte ich mich: Stimmt mit mir irgendetwas nicht? Klar, auch ich verliebte mich dann und wann, auch aus tiefstem Herzen, aber nie kam es so weit, dass ich den Wunsch gehabt hätte, eine Bindung mit einem »bis dass der Tod euch scheidet« zu besiegeln. Doch von überallher schienen mir Hochzeiten, Kind und Kegel entgegenzuschreien.

Als ich einmal zu Besuch bei einer ehemaligen Klassenkameradin in einem schicken Elb-Vorort war, die gerade ihr erstes Baby bekommen hatte, sah ich ein Keramikplättchen mit einer Inschrift über dem Kamin in der Stube baumeln. »Froh und bescheiden, so hat Gott dich gern«, stand dort geschrieben. Der Satz brachte mich zum Schmunzeln, empfand ich mich doch als das genaue Gegenteil; ich strebte auf der Karriereleiter immer weiter nach oben. Kreativität und Kommunikation wurden meine Stärken, Excel-Tabellen und Ablage meine Schwächen, was aber zum Glück nicht weiter tragisch war. Ich fuhr einen schicken Firmenwagen, arbeitete viel und traf mich nach Feierabend mit Freunden am Alsterufer. An den Wochenenden schwang ich die Hüften und schlürfte Sekt auf Eis. Eine Bombenzeit war das, ich kann es nicht anders sagen!

Doch je älter ich wurde, desto weniger Frauen gab es um mich herum, die so lebten wie ich. Bei Familienfeiern fragte man sich hinter vorgehaltener Hand – oder auch mich geradeheraus –, wann »es« denn bei mir endlich so weit wäre. Ich wusste natürlich, worauf man anspielte: einen attraktiven Mann mit hoch dotiertem Beruf und eine Gabi, die schon bald Ehefrau und Mutter werden sollte. Bei den Anspielungen der Verwandten aber kamen mir Gedanken an meine erste Liebelei in einem Griechenlandurlaub in den Sinn,

Typ Burt Reynolds, und unverschämt erfüllende Nächte. Aber das war nichts, was sich älteren Tanten bei Donauwelle und Sachertorte gut erzählen ließ. Manchmal überhörte ich die Nachfragen, manchmal gab ich einen lockeren Spruch dazu ab.

So selbstsicher ich auch sein mochte, fing ich irgendwann an, mich zu fragen: Darfst du für immer die lockere und lebenslustige Gabi bleiben? Oder gehört es unumstößlich zum Leben dazu, bis spätestens 30 unter der Haube zu sein? Verstehen Sie mich nicht falsch, ich hätte nichts gegen die große Liebe gehabt, aber wenn sie bei mir doch noch gar nicht aufgetaucht war?!

So kam es, dass eines Tages ein Mann auf der Bildfläche erschien, der alles hatte, was Außenstehende mit anerkennenden Lauten honorierten. Auch mir gefiel dieser Mann gut, und als er mir die Frage aller Fragen stellte, wurde ich mir untreu – und heiratete ihn. Nicht völlig kopflos und für damalige Verhältnisse ganz bestimmt mit ganzem Herzen. Zum Scheitern verurteilt war unsere Verbindung dennoch, weil ich – so schlau bin ich allerdings erst heute – im Grunde nicht bereit gewesen war für eine Ehe mit diesem Mann.

Knapp anderthalb Jahre später waren wir geschiedene Leute. So hatte ich mir das Abenteuer Ehe nicht vorgestellt! Ich war sauer und enttäuscht vom Leben und dem kurzzeitig geträumten und geplatzten Traum. Doch weil ich Fässer nicht gern überlaufen lasse, sondern lieber reagiere, bevor es zu spät ist, suchte ich mir einen Therapeuten. Ich wollte mit dem Gefühlschaos aufgrund meiner gescheiterten Ehe nicht allein klarkommen müssen. Ein paar Monate später war ich wieder die alte Gabi. Ein Leben auf der Suche nach der großen Liebe verbringen, obwohl sie mir später oder vielleicht gar nicht vergönnt war? Nein danke! Lieber glücklich allein als noch mal auf Gedeih und Verderb eine Bindung eingehen, nur weil es der Gesellschaft so passen könnte.

Ist man zusammen wirklich weniger allein?

Wieso überhaupt ist der Mensch seit Jahrtausenden der Meinung, zu zweit durchs Leben gehen zu müssen oder zu dürfen? Rührt aus dieser Idee auch die tief sitzende Überzeugung her, dass mit jemandem, der solo ist, etwas nicht stimmt? Meine gescheiterte Ehe hatte mir bewusst gemacht, wie unterschiedlich unsere Gesellschaft verschiedene Lebensmodelle bewertete. Als ich noch nicht verheiratet, aber sehr glücklich mit meinem Leben war, fragten sich alle: »Wann kommt denn die Gabi endlich in die Puschen?«, »Warum passt es denn mit keinem so wirklich, was stimmt da nicht?« Als ich dann unter der Haube, aber todunglücklich war, erkundigte sich niemand mehr nach meinem Zustand. Vielmehr gingen plötzlich alle davon aus, dass dies der Inbegriff des guten Lebens sein müsse. Ist das nicht schade? Auf jeden Fall war es eine Erkenntnis: Die Gesellschaft mag es, wenn alles in gewohnten Bahnen verläuft, egal, wie es hinter den Kulissen aussieht.

Dabei kann Ungebundenheit etwas so Schönes sein! Das Alleinsein kann die besten Ideen hervorbringen. Und ich spreche nicht von der Mär vom stillen Örtchen oder der Dusche, wo angeblich so viele berühmte Menschen ihre kreativsten Einfälle hatten. Ich meine die Ruhe, die uns umgibt, wenn wir uns Zeit für uns selbst nehmen, und den Raum an Möglichkeiten, der sich dann auftut. Die Freiheit, die wir im Alleinsein spüren, kann Türen öffnen und neue Wege ebnen. Oft realisieren wir erst dann, wie wichtig Freundschaften sind. »Ich wüsste nicht, was ich ohne meine Freundinnen tun würde«, hat Jane Fonda einmal gesagt. »Ich existiere, weil ich meine Freundinnen habe.« Dabei sprach sie von *women friends*.

Ich stimme ihr zu und erweitere sogar noch: Auch männliche Freunde sind ein Segen, weil sie aus einer anderen Perspektive auf die Dinge schauen. Wenn wir in gewissen Phasen »nur« unsere guten Freundinnen und gute Freunde haben, bekommen wir nebenbei ein weiteres Geschenk vom Leben: nämlich dann, wenn wir nach dem gemeinsamen Abendessen beim Italiener um die Ecke zurück in unsere Wohnung kommen und allein sind. Allein ins Bett gehen, allein wieder aufstehen und uns im Laufe dieser Zeit bewusst werden, wer wir sind und wen wir an unserer Seite haben wollen, wenn es eines Tages (wieder) so weit ist. Selbstredend kann sich diese Ungebundenheit nur dann erfüllend anfühlen, sofern sie frei gewählt ist. Mit Beziehungen verhält es sich doch aber ähnlich, oder nicht? Ich frage mich schon mein Leben lang, ob sich so mancher Single in seiner Haut ein Stückchen wohler fühlen würde, würde ihm sein Umfeld nicht ständig signalisieren, dass ohne Partner oder Partnerin per se etwas fehle.

Ich liebe die Liebe, und ich bin ein großer Fan vom Leben zu zweit, was ich an den heutigen Zeiten aber ganz besonders gern mag, sind die Freiheit und die Offenheit, mit der viele Menschen zwischenmenschliche Beziehungen leben. Und genau dazu möchte ich Sie animieren. Keine Sorge, ich will Ihnen keine offene Ehe mit 50 plus aufzwingen – außer, Sie wollen es so. You do you. Wo wir uns von jüngeren Frauen aber eine Scheibe abschneiden können, ist die Selbstbestimmtheit, mit der sie ihre Lebens- und Liebesentscheidungen treffen, ob für Kind und Kegel, offene Beziehungen oder monogame Liebe. Die etwa 30-jährige Tochter einer Freundin zum Beispiel lebte zuerst lange mit einem Mann zusammen, seit ein paar Jahren nun liebt sie eine Frau. Eine andere junge Frau aus meinem Bekanntenkreis führt als CEO ein Unternehmen, während ihr Ehemann seinem Halbtagsjob nachgeht und in der anderen Tageshälfte Care-Arbeit und Kinder übernimmt.

Doch auch in unserer Altersklasse finden sich Beispiele für Lebensentwürfe fernab von Konventionen. Denken Sie etwa an die Schauspielerin Goldie Hawn. Seit Anfang der 1980er-Jahre lebt sie mit Kurt Russell in wilder Ehe, ohne Trauschein also, zusammen. Ich weiß, man kann den Menschen nur vor den Kopf gucken, aber auf mich wirken die beiden sehr zufrieden. Wie zufrieden ihre Kollegin Elizabeth Taylor war, weiß ich nicht, aber auch ihr kann man zumindest kein Leben im Namen der Konvention vorwerfen, heiratete sie zwischen 1950 und 1991 doch ganze acht Mal. Dieses bunte Gemisch aus klassischen Beziehungen und neuen Lebensentwürfen, -konstellationen und -modellen finde ich erfrischend.

Konventionen umschiffen – aber wie?

Einfach machen! Ob Sie mit 50 (noch mal) heiraten oder mit 60 zum ersten Mal online flirten: »Es gibt nichts Gutes, außer man tut es«, das wusste schon der Autor Erich Kästner. Selbstbestimmtheit ist hier das Stichwort. Jedes Treffen, jedes Alleinsein fühlt sich besser an, wenn es selbst gewählt ist.

Anfang der 90er und als Mitte-30-Jährige eine geschiedene Frau zu sein, war, zumindest im zugeknöpften Hamburg, eher unüblich. Noch unüblicher wurde mein Leben, als ich mit Ende 30 beschloss, Deutschland zu verlassen. Während die meisten meiner Freundinnen fleißig Hochzeitsjubiläen feierten, zog es mich hinaus in die Welt. Über die Jahre in der Schiffsmaklerei hatte ich unzählige internationale Kontakte geknüpft, besonders viele in der Touristikbranche. Da ich Neustarts schon immer aufregend fand, bewarb ich mich um einen Posten in einem Hotel an dem aufstrebenden Reiseziel schlechthin: die Vereinigten Arabischen Emirate. Damals gab es noch keinen Burj Khalifa in Dubai und keine Greater Abu Dhabi City. Meine Lust auf eine neue Herausforderung und einen Kulturkreis, in dem es vieles zu entdecken gab, war mit jedem gedanklichen Ausflug dorthin größer geworden. Als keine zwei Wochen nach meiner Bewerbung die Zusage für eine Stelle im Hilton Hotel in Abu Dhabi kam, packte ich kurzerhand einen großen Koffer, verabschiedete mich von meinen verdutzten Eltern und zog los.

Neue Türen öffnen

Egal wie groß oder klein ein Neustart sein mag, meistens erfordert er ein gutes Portiönchen Wagemut. Selbst wenn Neuanfänge nach außen oft so wirken, als kämen sie aus dem Nichts, bin ich überzeugt davon, dass sie das Ergebnis eines Weges sind, den wir schon lange zuvor eingeschlagen haben – aus Neugier, nicht aus Not. Vielleicht sogar, ohne es zu merken.

Wir stecken das Wörtchen »Neustart« meist automatisch in die Berufsschublade und schreiben ihn so eher jüngeren Menschen zu. Aber lassen wir uns nicht täuschen: Neustarts kennen kein Alter. Das Erste, was beispielsweise eine alte Freundin von mir tat, als sie in Rente ging: Soziologie studieren. Ein lang gehegter Wunsch, für den sie sich früher keine Zeit genommen hatte. Eine andere Freundin fing nach der Trennung von ihrem Mann an zu töpfern, zuerst am Wochenende als Hobby, später eröffnete sie sogar einen kleinen Keramikladen. Mich fasziniert die Energie, die von Neustarts ausgeht. Mit ihnen beginnt das, was wir »Berge versetzen« nennen. Welch eine Ironie des Schicksals, dass einem das Neue dann nicht selten leichter gelingt als erwartet! Der Fokus verschiebt sich ganz auf das neue Thema im Leben, und wir befinden uns plötzlich in einem positiven Gedankentunnel, der sogar etwas Meditatives haben kann. Sobald der erste Schritt gemacht ist, können sich Türen öffnen, von denen wir vorher nicht mal wussten, dass sie existieren.

Mit leichtem Gepäck und großer Neugierde schlug ich also Ende der 1990er-Jahre meine neuen Zelte in einem Teil der Welt auf, in dem gerade Goldgräberstimmung herrschte. Die halbe, wenn nicht die ganze Welt wollte in die Emirate. Auf den Touristikmessen scharten sich die Menschen um unsere Hotelstände. Mich begeisterte, wie unterschiedlich Leute und Kulturen tickten, und ich wurde immer hungriger darauf, einzutauchen und sie zu verstehen. Was man heute in kostspieligen Life-Coachings und Marketingseminaren vermittelt bekommt, bekam ich damals nebenbei mit und saugte diese »Menschenlehre« auf wie ein Schwamm: Wie vermittelt man Menschen, die sich einer Sache gerade nicht sicher sind, Sicherheit? Was beflügelt die Leute? Was bremst sie?

Es folgten ein paar aufregende Jahre, in denen ich auf großen Galas die edelsten Abendkleider und stets rot lackierte Fingernägel trug, wunderbare Menschen traf, eine stürmische Romanze einging, mich wieder trennte und später nach Dubai zog. Die Routen mit den Zielen, die ich als junges Mädchen für die Kapitäne geplant hatte, bereiste ich nun selbst. Na, wenn mein erster Anrufer gewusst hätte, dass meine Tapioka-Preisauskunft gerade mal der Anfang gewesen war.

Mein neues Leben verlieh mir Flügel. Ich bereute nichts, nur manchmal packte mich die Traurigkeit darüber, dass ich keine Schwester oder eine andere Verbündete an meiner Seite hatte, die so lebte wie ich oder mich wirklich verstand. Ich vermisste eine andere Frau, zu der ich hätte sagen können: »Du, ich weiß gerade nicht weiter, können wir mal reden?« Ich fühlte mich damals oft allein, gleichermaßen wusste ich, dass ich mich auf mich verlassen konnte. Und diese Erkenntnis war viel wert.

Mit Mitte 40 tauschte ich meine Abendroben aus den Edelboutiquen der Emirate gegen T-Shirt, Bermuda-Shorts, Gummistiefel und ein neues Ziel: Südafrika. Genauer gesagt eine Safari-Lodge inmitten von Löwen, Impalas und Elefanten unweit des berühmten Kruger Nationalparks. Die Chefin der Lodge hatte eine Lodge-Managerin gesucht und mit mir eine *peoples' person* obendrauf bekommen. Jemanden, der mühelos mit Menschen ins Gespräch kommt und den Austausch genießt. Die vergangenen Jahre hatten meine Antennen für Menschen und ihre Bedürfnisse geschärft. In Kombination mit den Wildtieren, deren nonverbale Signale es nun auch noch zu lesen galt, wurde Empathie zu meiner Superkraft.

Nach Feierabend saß die Belegschaft mit den Rangern, die die geführten Safaris machten, zusammen. Wir aßen scharfes Chili, verscheuchten neugierige Hyänen, die uns zu nahe kamen, tanzten viel und lachten noch mehr. Die meisten Ranger waren junge Kerle um die 20. Es entsprach einem möglichen Werdegang in Südafrika, zuerst als Ranger zu arbeiten, um später studieren zu gehen. Mit über 40 war ich die Älteste im Team. Wollte ich mich so langsam doch mal wieder verlieben? Oder sogar noch mal heiraten und endgültig ankommen? Nee, so wie es ist, ist es gerade richtig, dachte ich. Rund 13 000 Flugkilometer weit weg von meiner Heimat fiel mir die Beantwortung dieser großen Fragen wunderbar leicht. Das Leben würde mich schon zur gegebenen Zeit an die richtigen Orte und in die richtigen Arme spülen. Die folgenden Jahre lehrten mich vieles, unter anderem dass Machen besser ist als Grübeln und es immer Licht am Ende des Tunnels gibt.

Als wäre mein Leben nicht schon spannend genug gewesen, drehte es mit Ende vierzig noch mal richtig auf. Das ist auch der Grund, warum es heute dieses Buch überhaupt geben kann. Wäre ich von meiner Jugend im Elternhaus einigermaßen nahtlos zum Dasein als Elbvorort-Frau mit Mann, Kind und Perlenkette übergegangen, wäre ich über 30 Buchseiten wahrscheinlich nicht hinausgekommen. Nicht dass dieser Lebensentwurf nicht etwa auch seine verheißungsvollen Seiten hätte, nur eben für mich persönlich nicht. Vielleicht, weil ich eine Suchende war? Ich weiß es nicht genau. Ob ich gedacht hätte, dass ich mit 49 Jahren die Liebe meines Lebens treffen würde? Niemals. Ob ich damit gerechnet hätte, neun Jahre später vor dem Nichts zu stehen? Noch weniger. Und ob ich geahnt hätte, mit Anfang 60 als Deutschlands berühmteste

Partnervermittlerin wie Phönix aus der Asche zu steigen? No way! Doch genau so sollte es kommen. Partnervermittlerin – diesen Beruf kann man nicht lernen, und man wird das auch nicht über Nacht. Ich wuchs in diesen Beruf hinein, als wäre er meine Bestimmung gewesen. Wer hätte es gedacht? Ich mit Anfang 40, Gummistiefeln an den Füßen und lauter wilden Tieren um mich herum sicher nicht.

Mein Leben hat mir gezeigt, dass »Es ist nie zu spät« keine leere Floskel ist, sondern dass man diese Aussage mit Liebe und Erlebnissen füllen kann. Ich war in meinem Leben schon vieles: glücklicher Single, Ehefrau, Witwe, unglücklicher Single, frisch verliebt mit Ü60 – und ich habe in den vergangenen fünf, sechs Jahren so viel gelernt wie noch nie. Das befähigt mich nicht dazu, mit erhobenem Zeigefinger auf Sie einzureden, ich erzähle nur ganz offen von meinem Leben. Das ist übrigens auch das Einzige, was Sie für dieses Buch brauchen: Offenheit. Denn Älterwerden ist nichts für Feiglinge – das wissen Sie sicher –, Verlieben in der zweiten Lebenshälfte erst recht nicht.

»Die schönsten Töne werden auf den ältesten Geigen gespielt«, drückte es einst der Schriftsteller Ralph Waldo Emerson so schön aus. Wir müssen uns nur trauen zu spielen. Dating, eine Romanze, eine aufregende Nacht oder die späte Liebe – das Leben ist zu kurz, um nicht so zu leben und zu lieben, wie wir es uns aus tiefstem Herzen oder aus den Tiefen unseres Schoßes wünschen. Es wird auf den folgenden Seiten aber nicht nur um die große, sagenumwobene Liebe gehen. Vielleicht wollen Sie erst mal nur ein bisschen flirten und gucken, ob Sie es noch können? Oder Sie benötigen ein paar Tipps und Tricks für Ihr erstes Date seit 20 Jahren? Hier ist alles drin, für jede und jeden, Schritt für Schritt. Erinnern Sie sich mal an den Sportunterricht in der Schule zurück – der hat ja auch nicht mit einem Salto begonnen, sondern mit einem einfachen Purzelbaum, oder? Sehen Sie: Es gibt also keinen Grund, nervös zu werden, selbst wenn Sie vermuten, Sie seien etwas aus der Übung.

In meinen kühnsten Träumen malte ich mir als junge Frau manchmal aus, wie ich auf ihn, meinen Mister Right, treffen würde. Dabei konnte mir kein Szenario romantisch genug sein. Ich stellte mir vor, wie ich am Straßenrand im britischen Cornwall eine Autopanne hätte und dann ein Lord Counterbury of Woodingham Castle or Elsewhere vorbeikäme, um mit britischem Humor und einem Wagenheber meinen geplatzten Reifen zu wechseln. Rosamunde Pilcher lässt grüßen. Die meisten meiner Freundinnen hingegen warteten darauf, dass Mister Right ihnen vor der Wursttheke in die Hacken fahren würde. Und Sie? Spielen Sie eher im Team Pilcher oder im Team Supermarkt? Ich verrate es Ihnen gleich: Nichts davon passiert, zumindest im Normalfall, weder mit 20 noch mit 65.

Doch wo treffen wir ihn oder sie dann? Die gängigen Schauplätze wie der Arbeitsplatz fallen weg, wenn Sie bereits in Rente sind. Oder, noch schlimmer, Sie werden bei Familienfeiern immer an den sogenannten Witwentisch oder zu den Enkelkindern gesetzt. Kennen Sie diese Konstruktion? Am Witwentisch sitzen alle »übrig gebliebenen« Frauen und, wie der Name schon sagt, alle Witwen. Dieser Tisch ist ein Stigma und eine Unverschämtheit, weil er nach außen demonstriert: Hier sitzen die, die niemand haben will. Ich weiß, wie es sich anfühlen kann, nach dem Tod des Ehemanns wieder in die Welt hinauszugehen und bei Einladungen am Witwentisch platziert zu werden. An dieser Stelle muss ich einen kleinen Aufruf starten: Lassen Sie uns den Witwentisch bitte abschaffen und unsere verwitweten und Single-Freundinnen unter die anderen Erwachsenen mischen – Letztere werden es überleben.

Wie soll man also jemanden zum Flirten finden? Gar nicht so einfach, zumindest auf den ersten Blick. Doch es gibt sie, die Orte, die Gelegenheiten, die Gleichgesinnten. Wir müssen die Sache nur selbst in die Hand nehmen und ein bisschen anders angehen. Wie?

Dieser Frage werden wir in diesem Buch genauso nachgehen wie der nach dem Alleinsein. Wann wird aus Alleinsein Einsamkeit und vor allem: Wie kommt man aus dieser Einbahnstraße wieder heraus? Ich weiß von Freundinnen, die ihren erwachsenen Kindern gegenüber nach der Scheidung ein schlechtes Gewissen haben, weil Muttern wieder jemanden datet. Egal ob online oder analog. Und ich weiß, wie dumm man aus der Wäsche guckt, wenn man den Satz an den Kopf geknallt kriegt: »Du suchst einen Mann? Bist du dafür nicht zu alt?«

Spätestens seit meiner Arbeit als Partnervermittlerin weiß ich: Wir sind nicht zu alt. Es gibt sie zuhauf, die Frauen und Männer, die sich (wieder) jemanden an ihrer Seite wünschen. Wege, diesen Menschen zu finden, gibt es diverse, egal ob Sie eher zurückhaltend oder eine Entertainerin sind.

Auch nackte Körper und die Lust kommen in diesem Buch nicht zu kurz. Wer weiß, vielleicht entdecken Sie auf Ihrer Reise die eine oder andere neue Praktik oder Vorliebe? Keine Panik, Sie müssen nicht gleich mit venezianischen Masken in Swingerclubs herumstehen oder noch mal heiraten, nicht mal zusammenziehen müssen Sie, wenn Sie das nicht wollen. Das ist ja gerade das Schöne am Alter, die Gesellschaft hat nicht mehr so viele irrwitzige Erwartungen an uns wie in jungen Jahren. Wir müssen nichts mehr, wir können aber noch, das macht den feinen Unterschied aus.

Meine Zeit ist jetzt

Wenn wir nach Trennung, Verlust oder Enttäuschung entscheiden, uns wieder zu öffnen, kann das wunderbare Energien freisetzen. Vielleicht küssen wir den einen oder anderen Frosch, vielleicht klappt es nicht gleich bei der ersten Person nach der langen Pause, aber vielleicht bei der zweiten oder dritten. Mal sehen.

Unsere Zeit ist jetzt: Wir müssen es niemandem (mehr) recht machen, nicht unseren Kindern oder den Enkelkindern, keiner Kollegin, nur uns selbst. Auch wenn sich der eine oder andere Flirt als inkompatibel entpuppen sollte oder gar als Reinfall, bleibt uns die wunderbare Überzeugung, dass wir unser Leben selbst in der Hand haben und es seit rund 50, 60 oder 70 Jahren meistern.

»Das haben wir noch nie probiert,
also geht es sicher gut.«

Pippi Langstrumpf

Alleinsein kann man lernen
Oder: Der Zauber eines Solo-Dates

Allein – wieso allein? Schließlich halten Sie dieses Buch in Händen, weil es sich um das Gegenteil vom Alleinsein dreht. Das tut es auch, seien Sie unbesorgt. Allerdings verbindet uns 50-plus-Frauen (und -Männer) etwas Entscheidendes: Wir wissen nur zu gut, wie sich Trennung, Verlust und Einsamkeit anfühlen können. Vielleicht haben Sie die ganz große Liebe bereits erlebt und sind unglücklich geschieden – oder glücklich und dabei nun etwas orientierungslos. Oder Sie sind eine Spätzünderin und haben das Alleinsein satt. Gut so, denn jenseits der 50 beginnt eine Phase, die das Potenzial hat, zur besten überhaupt zu werden – warum, werden Sie im Laufe der Lektüre erfahren. Oder Sie haben die Liebe Ihres Lebens viel zu früh verloren und fragen sich, ob überhaupt noch mal etwas Schönes kommen kann. Das kann es, ohne den Wert des Vergangenen zu schmälern. Ich weiß, das mag sich wie eine Floskel anhören, je nachdem wie lange Ihr Verlust her ist. Da ich diesen Schmerz am eigenen Leib erfahren habe, verspreche ich Ihnen: Das sind keine leeren Worte. Ich weiß, wie miserabel sich Alleinsein anfühlen kann, manchmal gibt es da nichts schönzureden. Aber ich weiß auch, dass man die Zeiten, die man allein verbringt, für sich nutzen kann. Woher? Weil ich es erlebt habe. Also, überspringen Sie diesen wertvollen Schritt bitte nicht, denn im Alleinsein steckt ein ganz spezieller Zauber: der des Neubeginns mit uns selbst.

Das Wichtigste zuerst: Allein zu sein ist keine Schande. Die Autorin Sarah Diehl widmet diesem Zustand mit *Die Freiheit, allein zu sein* ein ganzes Buch.[1] Auch wenn ich nicht jede ihrer Ansichten teile, finde ich das sehr gut. Dass es Bücher wie dieses gibt, hilft dabei, das Thema aus der Tabuzone zu befreien, in der es schon viel zu lange feststeckt. Unser Kulturkreis macht es uns nicht leicht, zufrieden allein zu sein. Wer mit Mitte 30 immer noch nicht verheiratet ist, mit dem muss etwas nicht stimmen. Wer allein in den Urlaub fährt, kann ja nur die einsamste Person der Welt sein, und wer im Alter solo ist, hat sicher vieles im Leben falsch gemacht. So weit die Vermutungen der anderen Leute.

Als ich vor einer Weile ein Wochenende ohne Begleitung in einem kuschligen Hotel verbrachte, genoss ich abends ein herrliches Dinner im dazugehörigen Restaurant. Als ich gerade in meinen ersten Schlutzkrapfen biss – eine sündhaft leckere Nudelspezialität aus Tirol –, fragte ein vielleicht vier, fünf Jahre alter Junge am Nebentisch seine Mutter, für mich gut hörbar: »Mama, warum muss die Frau allein Urlaub machen? Hat die keinen Mann?« Die Mutter wies das Kind an, leiser zu sprechen, so jedenfalls interpretierte ich ihre Körperhaltung und den entschuldigenden Blick in meine Richtung. Ich lächelte kurz und aß weiter. Keine große Sache, aber ein passendes Beispiel, das einen Einblick in unsere soziokulturelle Prägung gewährt: Allein sein transportiert die Idee von etwas Defizitärem, zumindest meistens. Wie kurz gedacht das doch ist! Womöglich hat die Person in diesem Moment die Zeit ihres Lebens. Ausnahmen bestätigen natürlich die Regel.

Wie oft haben Sie selbst schon eine Person, die ohne Begleitung in einem Restaurant saß, zu sich an den Tisch gebeten? Und andersherum: Wie viele Male hat Sie in Ihrem Leben ein Pärchen am Frühstücksbüfett im Urlaub gefragt, ob Sie sich als Alleinreisende dazusetzen möchten?

Die Angst vor dem Alleinsein scheint in unserer Gesellschaft übermächtig. Wie weit diese Angst wohl geht? Verharren Menschen manchmal in Beziehungen, die sie nicht glücklich machen, bloß um nicht allein sein zu müssen? In der Befragung einer Online-Partnerbörse gaben 40 Prozent der 50- bis 65-Jährigen an, glücklich in ihrer Beziehung zu sein.[2] Immerhin sind es so viele, das macht mich froh. Aber was ist mit dem Rest? Über die Gründe für das Verbleiben in einer unglücklichen Ehe oder Beziehung kann ich, auch wenn ich ein weiblicher Hansdampf in allen Gassen und sehr gut vernetzt bin, nur spekulieren. Eines raten würde ich in solchen Fällen immer: Lassen Sie sich von der Vorstellung, allein zu sein, nicht die Luft zum Atmen nehmen. Das ist es wirklich nicht wert.

Ich schreibe über das Alleinsein, weil ich mir wünsche, dass wir unseren Blick dafür verändern. Nur bei sich zu sein, kann sich so gut anfühlen. Es kann beruhigen und klären, die Seele streicheln und uns weiterbringen. Kurz: Im Alleinsein passieren uns zuweilen die besten Dinge. Auf den folgenden Seiten verrate ich Ihnen, wie dies gelingen kann.

Von Sternschnuppen und anderen Zufällen

Ich bin eigentlich ganz gut im Alleinsein. Manchmal zieht die Woche an mir vorbei, ohne dass ich es bemerke. Zum einen ist da meine Arbeit als Partnervermittlerin, die jeden Tag einige Stunden Zeit in Anspruch nimmt. Montagabends etwa treffe ich eine Freundin auf einen Teller Penne Arrabiata, am Dienstagnachmittag gehe ich vielleicht zu meiner Friseurin, mittwochs führe ich bis abends Gespräche mit neuen Kandidatinnen und Kandidaten in meinem Büro, donnerstags gucke ich vor dem Einschlafen meinen Lieblingsfilm, und freitags ist sowieso immer etwas los. Samstags erledige ich die Einkäufe, hole frische Blumen, fahre Altglas zum Container, bringe die Wohnung in Ordnung. So weit, so beschäftigt. Gar nicht schlecht, wie du dein Leben als alleinstehende Frau gestaltest, denke ich manchmal, wenn ich zu Hause auf meiner Couch mit Blick auf den Balkon sitze.

Doch dann schleicht er sich langsam an. Er lugt zuerst hämisch grinsend um die Ecke, nur um kurz darauf ein graues Tuch über meine eigentlich so farbenfrohe Woche zu werfen: der Sonntag. Egal ob im Frühjahr, Sommer oder Winter, für mich ist er ganz klar die Niete unter den Wochentagen. Regelmäßig zieht er mich runter wie ein nerviger Verwandter, der eben zur Familie gehört und deshalb an Weihnachten auch immer dabei ist. Ich frage mich dann oft: Was würde man sonntagsmorgens als frisch verliebtes Pärchen alles machen? Ausgiebig kuscheln. Spüren, wie die Libido anklopft. Sich zwischen den Laken wälzen. Lachen, herumblödeln. Meinetwegen auch ein bisschen über unterschiedliche Auffassungen von eingeräumten Spülmaschinen streiten. Dann gemeinsam frühstücken – »Schatz, möchtest du ein Fünf-Minuten-Ei?« –, im Anschluss vielleicht einen Spaziergang machen. Aber nein, stattdessen liege ich sonntags manchmal allein im Bett und könnte heulen. Weglächeln bringt nichts, das habe ich schon versucht.

»Und wenn du einfach mal Joggen gehst, Gabi?«, meinte in einer dunklen Phase meines Lebens mal jemand zu mir.

Kennen Sie diese Leute, die einem Sporttipps geben, wenn man unglücklich ist? Sicherlich gibt es Menschen, die darauf anspringen und denken: »Mensch, ja, Joggen! Dass ich darauf nicht allein gekommen bin!« Ich könnte die Wände hochgehen, wenn ich so etwas höre. Ich hasse Joggen, wie sollte es mich also glücklich machen?

Gesagt habe ich diesen Satz bislang noch nicht, aber er lag mir schon diverse Male auf der Zunge.

An anderen Tagen wiederum, ja, sogar manchmal sonntags, genieße ich es, jede Freiheit der Welt zu haben. Ich möchte mir abends nur ein Brötchen mit Fleischsalat machen und nicht groß aufkochen? Gesagt, getan. Ich habe samstagsnachmittags plötzlich doch keine Lust mehr, schwimmen zu gehen und mache es mir kurzerhand mit einem Buch auf dem Balkon gemütlich? Wie schön, dass ich niemandem Rechenschaft schuldig bin. Und wenn ich mich schlafen lege, schnarcht niemand neben mir. Wunderbar, denke ich dann. Auch weil es mir zeigt: Alles geht vorüber. Und: Gefühle kommen in Wellen.

Alleinsein kann sich gut anfühlen, weil ...

Was zufriedene Singles am Alleinsein genießen: den Alltag nach ihren Bedürfnissen gestalten zu können, keine Absprachen treffen oder Kompromisse eingehen zu müssen, Seelenfrieden zu empfinden und mehr Zeit für Hobbys und Freunde zu haben.[3]

Natürlich gibt es zahlreiche Formen des Alleinseins. Angenehm ist es nur, wenn es selbst gewählt ist, wenn wir einfach mal etwas Zeit mit uns selbst verbringen möchten. Schmerzhaftes Alleinsein hingegen kann sich so anfühlen, als würde es uns zerreißen. Dann etwa, wenn wir einen geliebten Menschen verloren haben. Ich kann mir nichts Schlimmeres vorstellen, auch wenn man für Schmerz keine Skala erstellen sollte. Dann gibt es noch das von außen auferlegte Alleinsein. Ein Zustand, der auch manchmal schwer zu ertragen ist. Wenn wir versetzt wurden, zum Beispiel – ein ekliges, spitzes Gefühl, selbst wenn es von kurzer Dauer ist. Oder das langfristige Alleinsein, wenn wir ohne Partner, Partnerin oder Familie leben.

Am Ende des Tages läuft es immer auf eine Frage hinaus: »Bin ich gerade aus freien Stücken allein?« Wenn ja, werden wir keine Probleme haben, diesen Zustand zu akzeptieren oder vielleicht sogar zu genießen. Aus freien Stücken gewähltes Alleinsein kann wunderbar entspannen – nach einer arbeitsreichen Zeit endlich mal einen Tag lang nur die Rosen im Garten zurückschneiden und schweigen, das ist für mich Balsam für die Seele. Oder sind wir ungewollt allein und wünschen uns nichts sehnlicher als einen Menschen, der zu uns gehört? Wenn uns der gut aussehende Nachbar kurz vor dem ersten Date versetzt oder wir nach ein paar gemeinsamen Wochen oder Monaten entdecken: Er oder sie ist es nicht. Dann wird aus wohliger Me-Time ein schäbiges Gefühl. Nuancen, die den Tag entweder herrlich oder miserabel machen. Das muss es aber nicht, zumindest nicht auf Dauer. Dazu kommen wir gleich.

Richtig problematisch wird es, wenn aus dem Alleinsein, das diverse Vorzüge haben kann, Einsamkeit wird. »Allein sein zu müssen, ist das Schwerste, allein sein zu können, das Schönste«, brachte es der Schriftsteller Hans Krailsheimer auf den Punkt.

Eine meiner langjährigen Freundinnen liest leidenschaftlich gerne Horoskope. Wenn ihr die Sterne so etwas prophezeien wie »Körper und Seele sind diese Woche im Einklang« oder »Setzen Sie sich für sich ein, es lohnt sich«, harrt sie zufrieden der Dinge, die da kommen. Steht dort aber: »Machen Sie es sich heute Abend mit einem lieben Menschen gemütlich«, kommt ihr bei diesem lieben Menschen nicht etwa eine Freundin oder ihre Tochter in den Sinn, sondern automatisch ein Mann. Und zwar der Mann, den sie gerade nicht in ihrem Leben hat, aber doch so gerne hätte.

»Kauf dir einen Hund«, sage ich manchmal mit einem Augenzwinkern zu ihr. Nicht umsonst heißt es doch: Das letzte Kind trägt Fell. Aber nicht jeder hat Geld und Zeit für ein Haustier oder die

Bereitschaft, sich zu verpflichten, das ist mir bewusst. Sie werden merken, dass ich auch Ihnen an so mancher Stelle in diesem Buch zuzwinkere. Dies hat strategische Gründe, denn es wird an der einen oder anderen Stelle auch mal ein bisschen happig.

Hätten Sie mich mit Mitte 40 gefragt: »Gabi, wann hast du dich mal so richtig allein gefühlt?«, ich wäre vermutlich bei diesem augenzwinkernden Ton geblieben. Mittlerweile kann ich diese Frage ehrlich und ernsthaft beantworten. Als junge Frau fühlte ich mich zum ersten Mal einsam, als ich allein, nur bepackt mit meinem Köfferchen, in den Emiraten ankam. Zum Glück blieb dieses Gefühl in dieser aufregenden Zeit nicht lange. Es kam wieder, als ich herausfand, dass mich der Mann, mit dem ich zusammen war, betrog. Ich fühlte mich mutterseelenallein, obwohl meine Eltern und meine Freundinnen immer für mich erreichbar waren. Damals ahnte ich nicht, dass mir die dunkelste Note des Alleinseins noch bevorstand.

Wenn Sie mich heute, mit Anfang 60, zum Thema Einsamkeit befragen, muss ich Sie mit in meine Vergangenheit nehmen: nach Kapstadt, auf die Feier meines 49. Geburtstags.

Meinen Kurz-vor-50-Geburtstag feierte ich, wie die meisten Partys davor auch, im Kreise lieber Freundinnen und Freunde, mit leckerem Essen, guten Drinks und Musik in meiner kleinen Dachwohnung in Camps Bay, einem schicken Stadtteil von Kapstadt.

Mit der Wohnung hatte ich riesiges Glück gehabt, sie lag unweit des Gästehauses, für das ich die Leitung übernommen hatte, war hell und gut geschnitten. Nach Feierabend trafen sich »die Deutschen« oft in meinem Apartment. Als Ausgewanderte fand man sich gegenseitig schnell, außerdem war mein Chef ebenfalls Deutscher, und wir hatten eine Dependance in München. Wir schauten dann immer bei mir zusammen Fernsehsendungen wie *Notruf Hafenkante* oder *Großstadtrevier*. Die Folgen bekam ich per Video von einer Freundin aus Hamburg regelmäßig zugeschickt. Diese

Stunden gaben mir angenehme Heimatgefühle, wenngleich ich mir nicht vorstellen konnte, jemals wieder woanders als in meinem wunderschönen kleinen Domizil unweit des Kaps der Guten Hoffnung zu leben.

Als mein letzter Gast in dieser Nacht im Oktober 2009 zufrieden aus der Tür gegangen, oder besser gesagt getorkelt, war, drehte ich meinen CD-Player noch mal so richtig auf. »She works hard for the money«, sang Donna Summer inbrünstig. Auch ich schmetterte die Songzeilen, als gäbe es kein Morgen – ich bin mir sogar sicher, dass ich in dieser Nacht mit noch mehr Inbrunst sang als die schöne Donna. Ausfallschritt nach rechts, linker Arm in die Höhe, und dann Hüftschwung zur anderen Seite. Ich tanzte durch meine Wohnung, bugsierte Geschirr von einem Ende zum anderen und integrierte den Gang zur Spülmaschine so lange in meine selbst erdachte Choreografie, bis alle schmutzigen Gläser und Teller verstaut waren. Deutsches Fernsehballett in Südafrika! Als die Spülmaschine friedlich vor sich hin ratterte, ließ ich mich in den Korbsessel im Wohnzimmer fallen. Von diesem Plätzchen aus gewährte mir ein Dachfenster ungehinderte Sicht in den unendlichen südafrikanischen Nachthimmel. Einer meiner absoluten Lieblingsorte, um meinen Gedanken nachzuhängen.

Lassen Sie an Geburtstagen manchmal Ihr bisheriges Leben Revue passieren, viel eher als an Silvester? Ich bin dieser Typ Mensch eigentlich nicht, doch an meinem 49. Geburtstag hatten Schampus und Gin wohl ihr Übriges getan und mich ein kleines bisschen rührselig gemacht.

»Gabi, du hast das Alleinsein über die Jahrzehnte doch perfektioniert«, hatte eine gute Freundin an diesem Abend zu mir gesagt. Auch wenn ich dazu nicht direkt Stellung bezogen hatte, lag sie, was meine Beziehungen der vergangenen Jahre anbelangte, völlig richtig. Ich war immer offen, neugierig und eine Netzwerkerin gewesen, aber in Liebesdingen hatte ich mir meist ein Hintertürchen offengehalten. Viele meiner Bindungen zu Männern waren aufregend gewesen, manche wunderschön, andere traurig. Die große Liebe aber hatte ich mit meinen bald 50 Lenzen noch nicht erlebt. Vielleicht würde sie mir verwehrt bleiben? Man hatte schließlich kein Anrecht darauf, die Nadel im Heuhaufen oder den passenden Deckel zu finden. Oder war ich bislang einfach nicht offen und bereit genug dafür gewesen?

»So'n büschen Liebe, das wär' so langsam doch mal ganz schön«, hörte ich mich laut sagen, als ich gedankenversunken gen Himmel starrte. In dem Moment sauste sie vorbei: eine niedliche kleine Sternschnuppe. Mir wurde warm im Bauch. In meinem Leben hatte ich schon viele Sternschnuppen gesehen und mir meist so etwas wie eine neue Handtasche, den nächsten Business-Deal oder ein üppiges Weihnachtsgeld gewünscht. Doch diesmal konnte ich nur an »Mister Right« denken und an die Frage, ob es ihn für mich gäbe.

Ich hatte mein Leben immer allein gemeistert, einsam hatte ich mich dabei nur in kurzen Episoden gefühlt. Doch auf einmal verspürte ich eine unbändige Lust und Neugierde auf ein Leben zu zweit. Tisch und Bett teilen, gemeinsame Entscheidungen treffen, Kompromisse eingehen. Könnte ich das alles mit der richtigen Person? Männer gab es ja wie Sand am Meer, aber den Richtigen musste man finden! Der würde vermutlich nicht einfach an meine Tür klopfen und sagen: »Hallo Gabi, ich bin jetzt da.« Das Universum hatte mir in diesem Sternschnuppenmoment besonders aufmerksam zugehört, das sollte ich wenige Wochen später erfahren.

Man sagt ja, die Liebe würde einen meistens kalt und unvorbereitet erwischen – ungewaschen im Supermarkt oder mit Zottelhaar am Briefkasten. Für mich galt: kalt vielleicht, unvorbereitet sicher nicht. Ich war aufgerüscht wie die kleine Schwester von Gina Lollobrigida, als ich zur Dinnerparty meines ehemaligen Kollegen Kai und dessen Frau Ally im Nachbarort fuhr. Es war November, in Kapstadt hatte gerade der Frühling begonnen. Und auch wenn abends noch ein kühles Lüftchen ging, trug ich ein halblanges Seidenkleid mit aufregendem Beinausschnitt.

»Man muss die Feste feiern, wie sie fallen«, rief ich Ally zu und breitete die Arme zur Umarmung aus, als sie mir die Tür öffnete.

»Wow, toll siehst du wieder aus, Gabi!«, rief sie und strahlte mich herzlich an.

Wir gaben uns die obligatorischen Küsschen rechts und links, dann schlug mir Ally vor, dass ich es mir doch schon mal im Wohnzimmer gemütlich machen solle. Sie würde gleich mit Cocktails nachkommen.

Die Wohnung meiner Freunde war bungalowartig geschnitten, fünf breite Stufen trennten den Eingangsbereich vom Wohnzimmer. Fahrstuhlmusik und Stimmengewirr drangen zu mir. Sektflöten klirrten beim Anstoßen, eine Gruppe Frauen lachte laut. Die Feier war bereits in vollem Gange, das war nicht zu überhören. Ich beschloss: Die Stufen sollten mein roter Teppich sein. Ich stolzierte also auf meinen streng genommen waffenscheinpflichtigen Stilettos los. Ich genoss jede Stufe, die mich näher zur feiernden Gesellschaft brachte. Mein Blick fiel dabei unweigerlich auf einen Herrn in der Sitzecke gegenüber von der Treppe. Ich spürte, dass er mich bereits erspäht hatte, er senkte aber den Blick wieder und zündete sich seelenruhig eine Zigarre an. Als der Mann erneut den Kopf hob, sah er mit seinen stahlblauen Augen direkt in meine. Ein wohliger Schauer schoss durch meinen Körper. Hallo, was war das denn, bitte?! Hatte dieser Kerl die wärmsten und schönsten Augen, die mir je untergekommen waren, oder was?

Ich sah ihn herausfordernd an. Er hielt meinem Blick stand, was dafür sorgte, dass ich einen Moment lang meinen großen Auftritt vergaß, ins Straucheln kam und fast die letzte Treppenstufe versäumt hätte. Aber zum Glück nur fast. Ich fing mich – ja, ich war vielleicht fast 50, aber mich einem Mann so einfach vor die Füße werfen, das war nicht mein Stil.

»Je später der Abend, desto schöner die Gäste«, rief der Unbekannte in meine Richtung. Er erhob sich zügig von seinem Sessel und kam auf mich zu. Ein gepflegter Kerl, seine schönen hellgrauen Haare trug er sehr kurz, seine Haut war leicht gebräunt und sein Lächeln unverschämt – im positivsten aller Sinne. »Darf ich mich vorstellen? Mein Name ist Max«, sagte er, während sich unsere Hände zum Gruß berührten.

»Sehr gerne, lieber Max. Ich bin Gabi, schön, dich kennenzulernen.«

Was war das für ein betörendes Aftershave? Meine Güte, duftete der gut! Mein Herz machte einen kleinen Sprung.

Nicht dass ich meinen Freunden an diesem Abend eine Verkupplungsaktion unterstellt hätte, aber nachdem Max und ich nebeneinander Platz genommen hatten, leistete uns für den Rest des Abends niemand mehr Gesellschaft.

Während unserer Unterhaltung kamen wir vom Hundertsten ins Tausendste, kicherten, lachten, mal streifte sein Arm ganz sachte den meinen – natürlich nur unabsichtlich, zwinker, zwinker. Ich erfuhr, dass er neun Jahre älter war als ich und gebürtiger Hamburger, was für ein Zufall! Und dass er für ein paar Wochen zu Besuch bei seinem Freund Kai in Kapstadt gewesen sei und in drei Tagen wieder abreisen würde. An diesem Abend war mein Glas definitiv halb voll und ich befand im Stillen: Drei Tage waren schließlich nicht nichts.

Einen Abend später küssten wir uns im Schatten des Tafelbergs, dem berühmten Wahrzeichen der Stadt. Wir redeten über Gott und die Welt, kamen uns näher und wollten am liebsten gar nicht einschlafen, nur um nichts voneinander zu verpassen. Ich wusste in diesen Stunden und Tagen nicht, wie mir geschah, und war auch nicht sicher, ob dieser Mann mein Mister Right war, aber ich hatte da so ein Gefühl. Und ich liebte jede Sekunde, die wir teilten.

Nach Max' Abreise schrieben wir uns E-Mails und ließen die Handy- und Telefonleitungen glühen.

»Shit, mich hat's richtig erwischt«, gestand ich meiner Freundin an unserem nächsten Videoabend.

Keine Sorge, ich erzähle Ihnen jetzt nicht das Märchen von der Liebe auf den ersten Blick. Vielleicht gibt es sie, vielleicht nicht, und wenn, dann ist der berühmte Blitzschlag sicherlich kein Garant für Glück. Ich finde wichtig zu betonen, dass Liebe auf die unterschiedlichsten Arten und Geschwindigkeiten in unser Leben kommt. Liebe darf sich leise oder laut anbahnen, und sie darf auch Umwege gehen. Das tat sie auch im Fall von Max und mir. Zwar hatten wir beide an dem Abend bei unseren Freunden direkt Feuer gefangen, doch nach längerem Hin und Her war klar, dass Max eigentlich gar nicht bereit für eine Beziehung war und ich nicht willens, zurück nach Hamburg zu ziehen. Und nun? Ich war stinksauer, dass er nicht alles für mich stehen und liegen ließ, und er war enttäuscht, dass ich so absolut reagierte. Wie gewonnen, so zerronnen?

Eine Weile kämpfte mein Kopf gegen mein Herz und vice versa. Doch in den Momenten, in denen ich mich besann und von meinem Korbsessel aus Richtung Himmel sah, kam mir jedes Mal aufs Neue in den Sinn: Wir beide taten uns gut. So richtig. Max sah klar, wenn mein Blick vernebelt war. Ich brachte ihn zum Lachen, wenn er schlechte Laune hatte. Wurde ich mal nervös, vermittelte er mir Gelassenheit. Kam mir eine Idee, hatte er bereits den Plan zur Umsetzung im Kopf. Anders ausgedrückt: Wir passten zusammen wie Arsch auf Eimer.

Einige Treffen und Monate später hatten wir zwei Sturköpfe uns doch dazu durchgerungen, aufs Ganze zu gehen. Max sagte: »So schnell wirst du mich nicht mehr los, mein Liebling.« Und ich sagte Ja – zu einem Leben in meiner Heimatstadt Hamburg und auf Max' Frage, ob ich ihn heiraten wolle. Für eine erprobte Einzelkämpferin wie mich war das eine große Sache. Aber mein Mut wurde belohnt. Wir hatten – trotz Heirat – einen Heidenspaß. Max war wie ich unabhängig in seinem Job, und auch er liebte, was er tat. Das gefiel mir. Wir arbeiteten zwar viel, aber unsere Partnerschaft und unsere Lust kamen nie zu kurz. Wir unternahmen herrliche Reisen, luden Freunde zum Essen ein, waren bei Partys die Ersten auf der Tanzfläche und so manches Mal auch die Letzten an der Bar. Auch unsere Freundeskreise ergänzten sich wunderbar.

Nach einem Grillabend mit meiner guten Freundin Uta, Max war gerade zu Bett gegangen, fragte sie mich: »Wie hast du's eigentlich gemerkt?«

»Was meinst du?«, gab ich zurück. Uta hatte ein Faible dafür, aus dem Zusammenhang gerissene Fragen zu stellen.

»Dass Max deine große Liebe ist, meine ich«, sagte Uta, als wäre das doch völlig klar gewesen.

Ich hielt kurz inne. Diese Frage hatte ich mir bislang nicht gestellt. Die Antwort wusste ich trotzdem: »Ich habe keinen blassen Schimmer, Uta. Ich wusste es einfach.«

Etwa ein Jahr nach unserer Hochzeit erweiterten wir unseren kleinen Kreis um Border Terrier Tiffy, eine aufgeweckte kleine Hundedame. Nach unserer Heirat war das definitiv die zweitbeste Entscheidung. Ich fühlte mich wie vom Glück geküsst! Nur manchmal fragte ich mich: Das alles hier läuft so gut, wir lieben uns so sehr, wir ergänzen uns mühelos, ziehen immer an einem Strang – muss da nicht irgendwann das dicke Ende kommen? Doch ich genoss lieber unser gemeinsames Leben und versuchte, nicht über die Dauer dieses großen Glücks, das wir miteinander teilten, nachzudenken.

An einem Abend im Januar 2017, wir hatten gerade unser verflixtes siebtes Ehejahr hinter uns gebracht und waren noch so wild und glücklich wie in unseren Anfängen, waren Max und ich bei Freunden zum Abendessen eingeladen. Es sollte Hamburger Pannfisch mit Speck und Bratkartoffeln geben, eine unserer Leibspeisen.

Wir hatten vereinbart, dass ich ihn und Tiffy nach meinem Friseurtermin mit dem Auto abholen würde. Doch mein Haarschnitt dauerte länger als geplant, weil ich mich mit meiner Friseurin ein bisschen verquatscht hatte. Und so schrieb ich Max auf dem Weg zum Parkhaus, dass ich es nicht mehr hoch in die Wohnung schaffen würde: »Liebling, kommst du bitte mit Tiffy runter? Dann fahren wir direkt weiter.« Noch etwa eine Stunde zuvor hatte ich mit Max WhatsApp-Nachrichten im Minutentakt hin- und hergeschrieben, und jetzt antwortete er nicht. War er genervt davon, dass seine Frau mal wieder Terminstress verursachte? Das hatte bei uns schon öfters zu Diskussionen geführt. Als ich mit dem Auto in unserer Einfahrt zum Stehen kam, rief ich oben an. Nichts. Na gut, dann müsste ich eben doch rasch die Treppen in den dritten Stock hinaufsprinten und Max und unser Tiffylein aus unserer Wohnung klingeln.

Ich kam nicht mal bis zu unserer Wohnungstür. Max lag im zweiten Stock auf dem Treppenabsatz. Er atmete nicht mehr. Sekundentod, Herzinfarkt, das sagte der Notarzt später zu mir.

Das Herz meines Mannes war plötzlich stehen geblieben und mit ihm meine Welt.

Max war weg, und ich war allein.

»Gute Reise, mein Liebling«

»Mäxchen, du hast mir doch versprochen, dass ich dich so schnell nicht wieder loswerde«, flüsterte ich schluchzend in der Leichenhalle. »Wie kannst du mir das antun?«

Das fragte ich mich wirklich. Ja, es ist absehbar, dass ein Mensch irgendwann stirbt. Aber kennen Sie dieses eigenartige und völlig unbegründete Überlegenheitsgefühl, das uns glauben macht, uns und unsere Liebsten würde es nicht treffen? Genau so fühlte ich mich. Doch nicht mein Max! Und vor allem nicht schon nach neun gemeinsamen Jahren! Unser erster Kuss, mein Umzug nach Hamburg, war all das nicht gerade erst gestern gewesen? Wie konnte uns das Leben bloß so übel mitspielen? Ich war jahrzehntelang ein Ich gewesen, aber in der Zwischenzeit war ich Teil eines Wir geworden, und das sollte verdammt noch mal auch so bleiben!

Nach einer Weile in der Leichenhalle und neben dem Menschen, der einmal mein Mann gewesen war, schaffte ich es, mich von Max zu verabschieden. »Gute Reise, mein Liebling«, sagte ich.

Nachdem ich wochenlang, vielleicht sogar monatelang, roboterartig funktioniert und Max' Beerdigung organisiert hatte, ergriffen die Tränen Besitz von mir. Ich konnte nicht mehr aufhören zu weinen. Kein Schmerz und keine Krise zuvor hatten mich je so umgehauen wie der Verlust meines Mannes. Es war, als würde ich erst jetzt, nachdem ich diese Zweisamkeit erlebt hatte, realisieren, was Einsamkeit wirklich bedeutete. Ich blieb wütend, verzweifelt und enttäuscht zurück.

Ich fürchte, ich habe nicht zu viel versprochen, als ich schrieb, dass dieses Kapitel happig werden würde, oder?

Witwenblind

»Frauen leben länger und lieben meist ältere Partner«, schrieb die Journalistin Cornelia Kazis im Herbst 2019 in der *Neuen Zürcher Zeitung*. »Darum sind 80 Prozent aller verwitweten Menschen weiblich.«[4] Kazis hatte 14 Monate zuvor ihren Mann verloren und gab zu, dass sie vor dem Tod ihrer Lebensliebe »witwenblind« gewesen sei. Eine sehr treffende Wortschöpfung, finde ich. Seit sie selbst zu dieser Gruppe gehöre, sei ihr aufgefallen, wie stark, verletzlich und resilient zugleich Witwen seien. Während der Recherche zu ihrem Buch *Weiterleben, weitergehen, weiterlieben* befragte

Kazis verschiedene Forscherinnen zu diesem Thema. Eines der Ergebnisse: Zwei Drittel aller verwitweten Menschen schafften es, nach dem Verlust ihres Partners oder ihrer Partnerin ihre Identität wieder oder neu aufzubauen. Weil Frauen in der Regel sozial besser eingebunden seien und besser über Gefühle sprechen könnten, würden sie diesen Schritt besser als Männer bewältigen.[5]

Irgendwann im Februar 2017 waren die unzähligen Blumensträuße, die mir Verwandte, Freunde und Kollegen gebracht oder geschickt hatten, verwelkt und ich überzeugt, dass mir ein einziges Trauerjahr nicht reichen würde, um überhaupt irgendwie mit dem Verlust von Max leben zu können. Ich wusste, die Reaktionen und andauernden Beileidsbekundungen der Menschen um mich herum waren allesamt gut und liebevoll gemeint. Aber ich konnte es nicht mehr hören, wenn jemand sagte: »Oh Gott, dein Mann ist tot! Wie furchtbar!« Dass es furchtbar war, wusste ich selbst. Aber was sollte man auch sagen? Zwei Monate später begann ich eine Trauertherapie.

Ich schlief kaum und hätte am liebsten immer Nein gesagt, wenn meine Freundinnen mich zum Italiener um die Ecke oder auf einen Spaziergang an die Elbe oder die Alster schleppen wollten, um mir ein bisschen Leben einzuhauchen. Dennoch ging ich immer öfter mit, mein unsichtbares Trauermäntelchen trug ich trotzdem weiter. Ich wollte nichts wissen von meiner Umwelt und war beleidigt, dass sich die Welt einfach weiterdrehte. Frechheit! Doch irgendwie sorgte die professionelle Unterstützung meines Therapeuten in Kombination mit der Fürsorge meiner Freundinnen dafür, dass ich weitermachte. Vor allem mit mir selbst.

Notgedrungen war ich spätestens am Ende jedes Tages: allein. Ich ging allein ins Bett, stand allein wieder auf und trank allein meinen Espresso mit Hafermilch. Irgendwann nahm ich neben der Dunkelheit und meiner Trauer aber noch andere Gefühle war. Lag es an den Spaziergängen mit Tiffy, die mich jeden Tag aus dem

Haus zwangen? Daran, dass ich Max' Winterstiefel im Flur von der Fußmatte genommen und in den Schuhschrank gestellt hatte? Oder kam es vom sommerlichen Wetter in Hamburg, dass ich es satthatte, mein Alleinsein ausnahmslos als etwas Dunkles, Schweres zu erleben? Ich registrierte, dass hierin auch eine Chance für mich liegen könnte, ein Gespür für mich zu bekommen und etwas über mich zu lernen.

Als ich eines Tages versuchte, mir den Ehering vom Finger zu ziehen, brach ich in Tränen aus. »Okay, Gabi, das war dann wohl zu früh«, beruhigte ich mich. Doch diese Tränen brachten etwas in Gang.

»Nach der Hilflosigkeit kommt Traurigkeit, und von dort aus können Sie weitergehen«, so lautete ein schlauer Satz meines Therapeuten, den er mir in so mancher Sitzung mitgegeben hatte. »Schreiben Sie ihn doch vielleicht mal auf«, schlug er vor.

»Wieso?«, wollte ich wissen.

»Machen Sie einfach, Frau Pochhammer.«

Monate später fing ich an zu verstehen, was er damit gemeint hatte. Nichts hatte sich ohnmächtiger angefühlt als der Stillstand direkt nach Max' Tod. Tränen, Wut, Müdigkeit – alles war besser als dieses große Nichts. Ich wollte raus, raus aus diesem Zustand, ich wusste nur noch nicht genau, wie.

Nach einer Weile entschied ich, unseren dunkelblauen Flur in fröhlichem Orange zu streichen. Die neue Farbe brachte mich manchmal zum Lächeln, wenn ich vom Hundespaziergang kam. Ich zog vom Schlafzimmer ins Arbeitszimmer und dekorierte beide Räume um. Wenn ich nun aus dem Bad kam, bog ich nicht mehr rechts ab, sondern links. Es tat gut, buchstäblich neue Wege zu gehen. Ich sortierte Max' Hemden aus und spendete einen Teil an die Diakonie. Ich rahmte Fotos von ihm und uns beiden ein, stellte sie im Wohnzimmer und im Flur auf, weinte und räumte sie wieder weg.

Vieles, was ich in dieser Zeit tat, ließe sich gut und gerne als Beschäftigungstherapie kategorisieren. Wissen Sie, wie viele Fransen Ihr Wohnzimmerteppich hat? Nein? Falls Ihnen langweilig ist, zählen Sie doch mal. Ich sage nicht, dass Fransenzählen gegen Einsamkeit hilft. Aber allein werden Sie sich bei dieser kleinteiligen Aufgabe sicher nicht fühlen, weil sie gar nicht dazu kommen. Nur eventuell wütend, weil es eine unsägliche Frickelarbeit ist. Im besten Fall aber fangen Sie irgendwann an zu lachen. Spätestens dann, wenn Sie von oben auf die Situation blicken und bemerken, dass Sie als erwachsene Frau gerade auf dem Boden Ihres Wohnzimmers liegen und Teppichfransen zählen. Nun ja, und so arbeitete ich mich eben Faden für Faden beziehungsweise Stück für Stück zurück ins Leben.

Ein paar Monate nach meinem Schicksalsschlag ging es einer engen Freundin von mir sehr schlecht. Ihr Mann hatte sich nach über 20 Jahren Ehe von ihr getrennt, mittlerweile war die Scheidung rechtskräftig und sie igelte sich seitdem immer mehr ein. Ob meine Freundin in dieser schwierigen Zeit auch manchmal auf ihrem Wohnzimmerboden lag, habe ich sie nie gefragt. Aber es tat gut, nicht mehr die Person zu sein, die Tipps bekam, sondern wieder eine Frau sein zu können, die anderen Ratschläge erteilte.

Für das Ende einer Beziehung kann es selbstverständlich vielerlei Gründe geben. Vielleicht gab es eine haarige Trennung, weil jemand betrogen wurde, eine jüngere Partnerin gefunden hat oder das Zusammensein einfach nicht mehr klappen will, ohne dass es sich wie eine Qual anfühlt. Hier stirbt kein Mensch, aber eine Liebe, und das kann unglaublich schmerzhaft sein. Eine meiner Freundinnen hatte nach ihrer Scheidung, damals waren wir noch in unseren Vierzigern, Schwierigkeiten, einem neuen potenziellen Partner überhaupt zu vertrauen. Als sie merkte, wie viel Einfluss diese Verletzungen aus der Vergangenheit auf ihre Gegenwart nahmen, suchte auch sie sich professionelle Unterstützung bei einer Therapeutin. Ich trete in diesem Buch nicht an, um Werbung für Therapien zu machen. Ich bin aber sehr wohl der Meinung, dass es allerbeste Selbstfürsorge sein kann, wenn man sich in kritischen Lebenssituationen Hilfe sucht.

Lebe ich nur allein, oder bin ich schon einsam?

Dieses Buch ist kein Gesundheitsratgeber und schon gar kein Buch über Krankheiten, aber wenn wir über Einsamkeit sprechen, müssen wir anerkennen, dass die Studienlage zu den gesundheitlichen Folgen, vor allem nach einer durchlebten Pandemie, enorm ist. Ich nenne nur ein paar Beispiele: Ein amerikanisches Forscherteam stellte fest, dass Einsamkeit Herz-Kreislauf-Erkrankungen begünstigen kann.[6] Andere wissenschaftliche Untersuchungen zeigten, dass Menschen, die sich einsam und isoliert fühlen, mit einem erhöhten Stresslevel leben müssen. Dies wiederum könne zu überhöhtem Blutdruck und hohen Blutzuckerwerten führen.[7] Der Name der Studie der Northwestern University, der diese Erkenntnis zugrunde liegt, trägt übrigens übersetzt den Titel: »Erwachsene, die einsam zu Bett gehen, erwachen am nächsten Morgen mit mehr Stresshormonen.«

Ich persönlich finde ja, dass an dem Spruch »Sex am Morgen vertreibt Kummer und Sorgen« etwas dran ist. Aber ich bitte Sie noch um etwas Geduld, zum Bettgeflüster kommen wir später. Spaß beiseite – Alleinsein kann krank machen, wenn es unfreiwillig geschieht und sich zu einem Gefühl der Einsamkeit entwickelt. Womit wir beim Kern wären: Es gibt Stunden, Zeiten, Phasen im Leben jedes Menschen, in denen er allein ist. Ich bin dafür, dass wir uns diesen Momenten nicht kampflos ergeben, sondern versuchen, sobald wir die Kraft haben, etwas Gutes daraus zu machen. Eine aktuelle Studie spielt uns Best Agern in die Karten: Älteren Menschen fällt es demnach leichter, Einsamkeit zu vermeiden, wenn sie nur früh genug damit beginnen, aktiv gegenzusteuern.[8]

Tipps gegen die Einsamkeit

Wenn aus Alleinsein Einsamkeit wird, dann wird aus Ruhe und Frieden plötzlich etwas Dunkles, Trauriges. Sich aus diesem Zustand zu manövrieren, ist leichter gesagt als getan. Aber es geht, wenn wir mit kleinen Schritten zufrieden sind: Machen Sie einen Spaziergang, auch wenn Sie keine Lust darauf haben. Plaudern Sie mit der Nachbarin, auch wenn Sie nur schnell zum Briefkasten wollten. Rufen Sie eine alte Freundin an, zu der Sie lange keinen Kontakt hatten. Melden Sie sich bei einem Kurs an der Volkshochschule an. All das sind nur Beispiele, aber das beste Mittel gegen Einsamkeit ist und bleibt ein reich gefülltes Leben. Nehmen Sie daran teil, es lohnt sich!

Kommen wir zurück zu meiner geschiedenen Freundin. Sie war das Gegenteil von mir: eher zurückhaltend, leise, nicht gern unter Leuten.

»Wehe, du kommst mir jetzt mit irgendwelchen Übungen aus deinen Psycho-Stunden«, sagte sie zu mir, nachdem ich ihr beim Kaffee auf meinem Balkon etwas länger als sonst die Hand getätschelt hatte.

»Was heißt hier Psycho-Stunden?«, rief ich ein wenig entrüstet. Meine Freundin verdrehte die Augen und presste die Lippen aufeinander.

»Keine Sorge, der Tipp, den ich dir gleich gebe, stammt nicht von meinem Therapeuten«, legte ich nach. »Sondern mitten aus dem Leben.«

Sie verdrehte die Augen erneut, aber diesmal in Kombination mit einem schmalen Lächeln – meine Eintrittskarte, check! Ähnlich wie man mir so manches Mal in meinem Leben einen lieb gemeinten Schubser gegeben hatte, verteilte ich nun einen.

»Wir trainieren dich jetzt in Sachen Solo-Dates«, verkündete ich voller Überzeugung, obwohl ich nicht sicher war, ob sie mir gleich einen Vogel zeigen würde. Stattdessen zog sie neugierig die Augenbrauen hoch – und noch mal check.

Glücklicherweise hat meine Freundin nichts dagegen, dass Sie alle von ihrem kleinen Solo-Date-Training erfahren und eventuell sogar davon profitieren. Deshalb teile ich es mit Ihnen. Legen wir los!

Wer bei dem Gedanken daran, für etwas anderes als den Wocheneinkauf oder den Weg zur Arbeit allein aus dem Haus zu gehen, kalten Schweiß auf der Stirn bekommt, den kann ich an dieser Stelle schon mal beruhigen. Wir fangen klein an und steigern uns dann langsam, bis hin zur Kür des Solo-Datings. Ich würde mich freuen, wenn Sie an der einen oder anderen Stelle andocken und sagen: »Ja, das könnte etwas für mich sein.«

Ein Date mit mir selbst

Ich bin ein großer Fan von Pippi Langstrumpf und somit automatisch von ihrer Schöpferin Astrid Lindgren. »Das haben wir noch nie probiert, also geht es sicher gut«, ließ Lindgren ihre junge Heldin einmal sagen. Also: Sie waren noch nie allein dienstagsnachmittags im Kino? Dann los!

Man kann das Ticket online kaufen und vor Ort erwartet niemand, dass Sie Konversation machen: Ein Kino ist prädestiniert, um sich an Solo-Dates heranzutasten. Hier besteht gar nicht erst die Möglichkeit, dass Ihr Alleingang jemandem auffällt, denn nach spätestens 15 Minuten geht das Licht ohnehin aus. Und auch Sie werden einen Gesprächspartner wohl kaum vermissen, denn wer während eines Films redet, stört sowieso, oder? Beim Solo-Date im Kino macht die Uhrzeit übrigens den Unterschied: Unter der Woche tagsüber gehen mehr Menschen ohne Begleitung ins Kino. Und zusammen ist man bekanntlich weniger allein.

Meine Solo-Freundin erzählte mir, dass sie vom Schmatzen ihres Sitznachbarn, der sich bei einer Schale Nachos mit Dip austobte, so genervt war, dass sie den Kinonachmittag fast abgebrochen hätte. Ein weiterer Beleg dafür, wie schön das Alleinsein sein kann. Darüber mussten wir beide schmunzeln.

Auch Cafés gelten als wunderbare Orte für ein Quäntchen Me-Time im öffentlichen Raum, wenngleich sie ein bisschen mehr Mut erfordern als ein Kinobesuch. Der Grund: Das ungeschriebene gesellschaftliche Regelwerk gibt vor, dass es unverfänglich und unauffällig ist, wenn eine Frau allein in einem Straßencafé sitzt und in einer Zeitschrift blättert. Oder Löcher in die Luft starrt. Oder heimlich – auf eine gute Weise – Passanten beobachtet. Der Cafébesuch ist auch deswegen der perfekte Einstieg, weil die Fluktuation an diesem Ort groß und die Verweildauer kurz sein kann.

Neulich saß ich in einer Café-Bar nahe der Alster, am Nebentisch nahmen zunächst drei Frauen Platz. Eine davon in meinem Alter, die beiden anderen um die 30. Ich vermutete, dass es sich um eine Mutter und ihre Töchter handelte. Die ältere Frau ließ sich Schwarztee und Apfelkuchen servieren, die beiden jüngeren Frauen tranken Cappuccino. Ich sah abwechselnd aufs Wasser, in meine Zeitschrift und zu dem Trio. Während Muttern noch aß, verabschiedeten sich die beiden Jüngeren mit einer

Umarmung von ihr. Vielleicht brachen sie zu einer Shoppingtour auf, vielleicht trafen die drei sich später wieder, ich wusste es nicht. Es zeigte aber wunderbar die Unverfänglichkeit, die ich meine.

Aus dieser Situation lässt sich eine Hilfestellung ableiten: Falls Sie sich nicht wohlfühlen bei der Vorstellung, allein in ein Café zu gehen, nehmen Sie jemanden mit, der nach einer halben Stunde zu einem Termin muss – und Sie bleiben sitzen und machen sich eine gute Zeit, allein im Kreise der anderen Gäste.

Noch einen Tick mehr Wagemut braucht es für die nächste Stufe der Solo-Date-Übung: den Restaurantbesuch. Aus irgendeinem Grund scheint es ein weiteres ungeschriebenes Gesetz zu geben: Während man, wenn man im Café allein einen Platz einnimmt, nicht gefragt wird, ob noch jemand dazustößt, bekommt man diese Frage im Restaurant mit Sicherheit serviert.

»Sie speisen ganz allein?«, wurde auch meine Freundin gut hörbar vom Kellner gefragt, als sie eintrat.

»Ich sage dir, Gabi, ich wollte auf dem Absatz wieder kehrtmachen«, erzählte sie mir am Tag danach.

»Und warum hast du nicht?«, fragte ich.

»Ich dachte, dem zeig' ich's«, sagte sie, und ihre Augen leuchteten, während sie sprach. »Wäre ja noch schöner, wenn ich mich so einfach in die Flucht schlagen lasse. Außerdem hab' ich die neue Hose angehabt, weißt du? Die aus dem kleinen Laden bei mir. Und, Gabi, die saß so was von gut. Nee, nee, so einfach wirst du mich jetzt nicht wieder los, Giuseppe.«

Meine Freundin war kaum zu bremsen, als sie mir von ihrem Solo-Abend im Restaurant erzählte. Sie hatte zwar nur einen Meeresfrüchtesalat in Vorspeisengröße bestellt – »Ich wollte jetzt nicht drei Stunden da rumsitzen, weißt du, was ich meine?« Ich wusste, was sie meinte, und fand fantastisch, wie sie mit der Situation umgegangen war.

Plädoyer für ein Dinner for one

Allein essen zu gehen ist im Kommen: In Deutschland gibt es laut einer Online-Reservierungsplattform 18 Prozent mehr Solo-Reservierungen als 2023.[9] Im Vergleich mit den USA, Kanada, Frankreich, Belgien, den Niederlanden und dem Vereinigten Königreich gehen die Deutschen sogar am häufigsten solo ins Restaurant.

Zwei weitere Tipps für diese Art des Solo-Dates habe ich noch für Sie: Es kann helfen, wenn Sie sich ein Restaurant aussuchen, das Sie kennen und in dem man Sie vielleicht sogar kennt. Mir gibt eine vertraute Umgebung immer ein wohliges Gefühl. Außerdem: An der Bar sitzt und speist es sich oft unbeobachteter als an einem Solo-Tisch inmitten von Zweier- oder Viererrunden. Im Idealfall kommen Sie noch mit dem Barkeeper ins Gespräch, sofern Sie das möchten.

Ähnlich geartet wie der Kinobesuch, nur ohne Dunkelheit und mit mehr Augenkontakt, ist ein Solo-Date in einer Kunsthalle oder einem Museum. Hier würde es sich für ein besseres Gefühl anbieten, einen Audio-Guide am Ticketschalter mitzunehmen oder dazuzubuchen. Ab diesem Punkt läuft der Solo-Nachmittag wie am Schnürchen: Sie setzen die Kopfhörer auf, lassen sich von der Stimme, die Sie nebenbei noch kulturell weiterbildet, berieseln und können so zwei, drei Stündchen ganz in Ihre eigene Welt abtauchen.

Wichtig: Zwingen Sie sich zu nichts. Halten Sie Ihr Solo-Date nicht aus, sondern machen Sie es, solange Sie sich dabei wohlfühlen. Wenn Sie nach 30 Minuten genug haben, auch gut, dann ab nach Hause. Sinn der Übungen ist es, sich allein in der Gesellschaft wohlzufühlen. Wie lang, entscheiden allein Sie.

Kommen wir zu Stufe 4: Ein bisschen mehr Austausch bringen Sprachkurse an der Volkshochschule mit sich, ebenso wie Töpfer- oder Malkurse. Gegen eine kleine Gebühr können Sie sich einen Platz in einem Seminar sichern, das über mehrere Wochen geht. Der erste Termin ist der aufregendste, danach wird es immer einfacher, denn die meisten Menschen melden sich allein zu einem solchen Kurs an. Zugegebenermaßen verwässert Ihr Solo-Vorhaben unter Umständen in der Lernatmosphäre ein wenig: Je nach Art des Kurses kommen Sie mit Gleichgesinnten ins Gespräch und sind weniger allein, aber das kann ja auch etwas sehr Schönes sein.

Die Königsdisziplin der Solo-Dates ist in meinen Augen die Urlaubsreise allein.

Ich fuhr ein paar Monate nach Max' Tod allein mit dem Auto von Hamburg aus ins italienische Meran. Tiffy hatte ich natürlich im Schlepptau, aber mit ihr konnte ich mir ja schlecht das Fahren teilen. Aus einer Laune heraus war ich losgedüst. Auf der Autobahn vom Norden bis ans andere Ende des Landes lief alles reibungslos und auch bei der Übernachtung im Schwarzwald, unser erster Stopp, machte ich mir vor lauter Müdigkeit keine Gedanken ums Alleinsein. Erst als ich Tiffy und mich am Folgetag in Gefilde kutschierte, deren Straßen so schmal waren wie ein Schuhkarton breit ist, fiel mir ein, dass früher Max diese Strecken immer für uns gefahren war. »Festhalten, Liebling«, hatte er dann scherzhaft gesagt, weil er wusste, dass enge Pässe an hohen Felswänden meinen Puls in die Höhe trieben. »Festhalten, Gabi«, sagte ich diesmal zu mir selbst – und fuhr Streckenabschnitt für Streckenabschnitt, während Tiffy seelenruhig auf der Rückbank schlief. Ich stellte mich wohl einigermaßen ordentlich an, sonst wäre sie bestimmt unruhig geworden. Wenn Frauchen nervös wird, spürt der Hund das sofort, das werden viele Hundebesitzerinnen und -besitzer kennen. Im Hotel in Meran angekommen, bezog ich mein Zimmer, packte aus und erkundete bei einem Spaziergang die Umgebung. Später legte ich mich an den Pool und bestellte einen Sauvignon Blanc, mein absoluter Lieblingswein. Ist doch alles kein Problem, macht sogar Spaß, dachte ich bei mir. Bis der Abend kam …

Ich hatte mir ein leichtes Sommerkleid in Orange- und Rottönen übergeworfen und tippelte leichtfüßig Richtung Terrasse, wo das Dinner serviert werden sollte. Eine herrliche Aussicht, »una vista meravigliosa«, hatte mir der Rezeptionist am Nachmittag versprochen. Je näher ich kam, desto beeindruckender präsentierte sich mir der Blick über Meran. Doch dann folgte die große Ernüchterung: Auf der Terrasse erblickte ich nicht nur die Bergkulisse, sondern ausschließlich Paare an Zweiertischen. Verdammt, das hatte ich völlig vergessen. So ein Urlaub war ja typisch für Pärchen!

Als mich die Restaurantmanagerin durch die Tischreihen manövrierte, fühlte ich mich so fehl am Platz wie lange nicht mehr. Ich spürte pikierte Blicke auf mir und stellte mir vor, wie sich alle entrüstet fragten: »Was will die denn allein hier?«, »Und wieso ist die überhaupt allein?«, »Stimmt mit der etwas nicht?«

Ich weiß natürlich nicht, ob da etwas dran war. Ich weiß nur, dass mich vier Abende lang keins der Paare zu sich an den Tisch bat. Wegen dieser Erfahrung, denke ich, empfinde ich die Reise allein als größte Herausforderung unter den Solo-Dates. Erst an meinem letzten Abend sprach mich eine Frau am Büfett an, ob ich Lust hätte, mit ihr und ihrem Mann später einen Absacker zu nehmen. Natürlich sagte ich zu – zufälligerweise kam das Paar auch noch aus Hamburg. Gesprächsstoff hatten wir also genug.

Von dieser ersten Solo-Reise nahm ich nicht nur die nette Bekanntschaft mit, sondern eine Lehre, die ich seitdem versuche, selbst zu beherzigen: Wenn eine Frau allein am Nebentisch sitzt, die mir sympathisch erscheint, grüße ich sie freundlich, anstatt zu starren. Und dann lade ich sie zu mir an den Tisch ein.

Ich brachte aber noch mehr aus Meran mit: eine Schippe Selbstliebe. Ich hatte geweint, mich wieder aufgerappelt, einsam gefühlt, schöne Erlebnisse und Erinnerungen geschaffen, mich vor den Kopf gestoßen gefühlt, war mutig gewesen und konnte nun wieder ein bisschen freier atmen. Kurz gesagt: Nach meiner ersten Reise ohne Max fühlte ich mich sicherer mit mir und einen halben Kopf größer.

Wenn ich heute, mehrere Jahre nach seinem Tod, an Max denke, kommen mir die schönen Dinge in den Sinn, die wir zusammen erlebt haben. Wenn jemand aus Verlegenheit zu mir sagt: »Oh, dein Mann ist verstorben? Wie schrecklich!«, frustriert mich das nicht mehr. Vielmehr sage ich: »Danke für deine Anteilnahme, aber du könntest mich besser fragen, wie es mir damit heute geht.« Und dann sage ich so etwas wie: »Ich trage meinen Mann immer in meinem Herzen.«

Für mich ist der schönste Ertrag dieser Herausforderungen und der kleinen Kämpfe mit uns selbst: Wir entwickeln Ideen, sehen wieder klar, trauen uns zu träumen und wachsen vielleicht sogar über uns hinaus. Ich möchte auf einen meiner Lieblingssätze aus Sarah Diehls Buch verweisen: »Denn wenn ich allein bin, ist die ganze Welt bei mir.«[10] Egal ob beim Cafébesuch oder auf einer kleinen Italienreise.

Kleine Helfer auf Solo-Dates

Setzen Sie auf kleine Helfer, ob im Urlaub oder im Straßencafé: Das kann ein Buch sein, an dem man sich festhalten kann, oder eine Zeitschrift. Vielleicht schreiben Sie auch gern Tagebuch, verfassen kleine Gedichte oder führen leidenschaftlich To-do-Listen? Dann verlagern Sie diesen Programmpunkt doch vom heimischen Schreibtisch ins Restaurant oder ins Café.

»Ich tanze durch mein Leben.«

Motsi Mabuse

It takes two to tango! Oder: Wo lerne ich ihn oder sie kennen?

»It takes two to tango!« Meine ehemalige Chefin auf der Safari-Lodge verwendete diese Redewendung immer, wenn es Diskussionen mit einem Wildhüter gab. Die eine Partei wollte dies, die andere das. Zu einem Disput gehören bekanntlich immer mindestens zwei, zu einem heißen Tänzchen wie dem Tango auch. Aber: Woher nehmen, wenn nicht stehlen? Freundeskreis, Dating-App, Partnervermittlung oder Wursttheke – wo findet man heutzutage mit 50 plus eine nette Bekanntschaft oder einen inspirierenden Flirt?

»So, Gabi. Jetzt lass uns mal Tacheles reden! Willst du nicht so langsam mal in die Puschen kommen?«, fragte mich Uta, als wir eines Abends bei Sauvignon Blanc und Erdbeeren bei mir auf dem Balkon saßen.

Ich wusste natürlich genau, worauf sie hinauswollte, aber fragte trotzdem: »Was, wofür denn?«

Uta riss die Augen auf: »Na, für eine kleine Romanze!«

Wo ich die denn finden solle, fragte ich. Ich war schon immer eine extrovertierte Frau, aber schließlich steckten wir gerade mitten in einer Pandemie. Keine Golfturniere, kein Business-Lunch, keine Einkaufsbummel mehr, nichts.

»Melde dich doch ganz einfach bei einer Online-Partnerbörse an«, schlug meine Freundin vor und sah mich erwartungsfroh an, als wäre es das Normalste der Welt.

»Ganz einfach« – Uta hatte leicht reden. Ich nippte an meinem Weißwein und fragte mich, wie Max es finden würde, wenn ich auf Online-Männerschau ginge. »Mein Liebling,« – so hatte er mich immer genannt – »mach das!« oder »... bist du dir da sicher?« Eine Frage, auf die ich in diesem Moment keine eindeutige Antwort hatte.

Es ist nicht so, dass ich jemals versucht hätte, meine Trauer um Max einer Zeitangabe unterzuordnen. Doch heute sage ich ganz klar: Den Begriff »Trauerjahr« können wir getrost aus unserem Wortschatz streichen. Für die Trauer nach dem Tod eines geliebten Menschen gibt es keine Regelzeit. Jeder braucht so lange, wie sie oder er eben braucht.

An besagtem Sauvignon-Abend mit Uta lag Max' Tod ungefähr drei Jahre zurück. Für mich drei Trauerjahre, wovon ich eines mit Trauertherapie verbracht hatte. Die Praxis war für mich ein sicherer Ort gewesen, an dem alle Gefühle erlaubt waren. Meine Rettung! Selbst jetzt dachte ich ständig an meinen verstorbenen Mann, aber ich spürte auch etwas Neues in mir aufkeimen. Ganz so, als wäre ich allmählich wieder bereit – für das Leben, für Erlebnisse. Wofür genau, das musste ich noch erkunden. Was neu war: Ich hatte Max gegenüber kein schlechtes Gewissen mehr bei dem Gedanken, dass es eventuell eines Tages wieder jemanden in meinem Leben geben könnte. Wenn auch nicht sofort.

Alle Zeit der Welt

Es macht mich sauer, wenn ich mitbekomme, dass Trauernden unterstellt wird, sie würden zu lange oder zu intensiv trauern. Die Psychotherapeutin und Buchautorin Megan Devine spricht sich in einem Interview dafür aus, Trauernde zu unterstützen, statt sie mit eigenen Vorstellungen über die vermeintlich angemessene Dauer zu konfrontieren: »Der Schmerz in der Trauer ist eine natürliche Antwort darauf, dass man jemanden oder etwas verloren hat, das man liebt. Das ist unangenehm, das ist schmerzhaft, aber man macht nichts falsch. Was wir tun müssen, ist, das Trauern wahrzunehmen und zu unterstützen.«[1]

Ein bisschen Zeit brauchte ich nach Utas Schubser dennoch. An einem der folgenden Wochenenden machte ich erst mal mit dem Umräumen der Wohnung weiter. Bei einer Ausstellung hatte ich ein neues Bild für das Esszimmer erworben, die Nägel dafür klopfte ich selbst in die Wand. Ich spendete Max' restliche Klamotten und gab das eine oder andere Erinnerungsstück an seine Familie, ohne dabei ununterbrochen heulen zu müssen. Und ich ließ unsere beiden Eheringe von einer befreundeten Goldschmiedin zu einem Ring umarbeiten.

Irgendwann in dieser Zeit flog mir Max' Antwort auf die Frage, was er davon halten würde, wenn sich sein Liebling wieder raus in die Welt wagen würde, zu. Ich glaube, er hätte so etwas Ähnliches gesagt wie: »Mein Liebling, du bist eine people's person. Du machst das, was deine Intuition dir sagt.« Daraufhin fasste ich einen Entschluss. Vielleicht war ich noch ein bisschen wacklig auf den Beinen, aber ich war bereit für meine ersten Schritte auf dem Dating-Parkett. Ich verspürte eine unbändige Lust auf das eine oder andere

Tänzchen … Und wenn ich dafür dieses digitale Liebesspiel spielen musste, dann war das eben so. Probieren geht über Studieren.

Als Uta mich ein paar Wochen nach unserem weinseligen Abend erneut darauf ansprach, schlug ich ein. Gucken konnte ich ja mal. Uta war Feuer und Flamme, uns beiden ein Profil bei einer von Deutschlands großen Dating-Plattformen, die das Verlieben versprach, zu erstellen. Sie bat eine befreundete Fotografin, Fotos von uns zu machen. Vom Ergebnis war ich begeistert – mich würde ja schließlich niemand zwingen, sie für Onlinedating zu nutzen, sie könnten ja auch einfach nur eine schöne Erinnerung sein – dachte ich. Doch Uta hatte sogar eine professionelle Texterin engagiert, die das Optimum aus unseren Profiltexten und Personenbeschreibungen herausholen sollte. Ganz geheuer war mir das nicht, doch das behielt ich erst mal für mich.

Mir kam eine Chiffre-Aktion in den Sinn, die ich lange vor Max und unserer gemeinsamen Zeit gemacht hatte. Ich war schon immer der Typ Frau, der in Flirt- und Liebesdingen Wert auf die echte, authentische Begegnung legte. Kein Wunder, dass aus meinem Chiffre-Aufruf in den 1990er-Jahren nichts entstanden ist. Doch ich war auch schon immer eine Person, die sich gern auf neues Terrain begab und kleine Abenteuer genoss.

Bevor Uta und ich uns das nächste Mal trafen, wollte ich mir zumindest Basiswissen über Onlinedating draufschaffen. Ich fing an, im Netz zu recherchieren: Es gab Unmengen an Dating-Portalen, Apps und Plattformen. Plattformen, die die Liebe des Lebens versprechen, und solche, die vor allem für den kurzen Spaß da waren. Spezielle Portale für gleichgeschlechtliche Bekanntschaften, für spezielle Berufsgruppen – und ja, auch spezielle Portale für Ältere. Wahnsinn, damit hatte ich gar nicht gerechnet! Man fand sogar Erfahrungsberichte von Menschen, die über Facebook die Liebe ihres Lebens gefunden hatten … Mit der Anzahl an Portalen, Apps und Plattformen konnten allerdings auch Schreckensmeldungen zu schiefgegangenen Dates, Datenklau oder gefälschten Profilen mithalten, von Menschen, die sich die Identität einer anderen Person unter den Nagel gerissen hatten. Catfishing nannte man das dann. Die wichtigsten Tipps, die mir dazu immer wieder begegneten: Bloß nicht direkt in der eigenen Wohnung treffen, sondern immer an einem öffentlichen Ort, weil: Man weiß ja nie. Und: Nie einer fremden Person, die man noch nie getroffen hat, Geld überweisen, egal wie toll man die Online-Person findet. Meine Güte, gab es da vieles zu bedenken! Ob diese für mich noch so wenig greifbare Online-Welt meine Welt werden würde?

Als mir Uta die Dating-Seite im Netz zeigte, sprach mich diese zwar nicht besonders an, aber ich wollte unbedingt sehen, was die Männerwelt für mich als 59-Jährige bereithielt. Ungefähr eine Stunde, nachdem mein Profil auf der Plattform online gegangen war, ging die erste Nachricht ein: »Fritz sendet dir ein Lächeln.« Mein allererster virtueller Flirt, holla, die Waldfee! Aber: Wer war Fritz, und wieso sendete er mir ein Lächeln? Und: Konnte Fritz keine ganzen Sätze schreiben, oder hatte er einfach nicht mehr drauf? Die Lächeln-Funktion konnte man automatisch mit einem Klick jeder Person senden, die man auf sich aufmerksam machen wollte. Mir war das irgendwie zu unpersönlich.

Ein bisschen widerwillig klickte ich auf die Benachrichtigung in meinem E-Mail-Postfach. In der Nachricht der Partnerbörse stand dasselbe wie im Betreff, und dass ich mich in meinen Account einloggen solle, um das Foto von Fritz sehen zu können. Eine meiner Nachbarinnen, ebenfalls verwitwet, hatte mir mal beim Müllrausbringen erzählt, dass sie genau diese Phase des Online-Datings besonders toll fand. Man wisse ja noch rein gar nichts voneinander, das sei doch wirklich aufregend ohne Ende. Doch mir behagte die Situation nicht so recht. Wollte ich überhaupt wissen, wie dieser mir völlig fremde Fritz aussah? Es war, als würden Engelchen und Teufelchen auf meinen Schultern sitzen und sich abwechselnd zu

Wort melden, ohne dass die Rollen klar verteilt wären. »Nee, lass mal, Frau Pochhammer, geh lieber eine Runde mit Tiffy spazieren!«, hieß es von der einen Seite. Von der anderen: »Na komm, jetzt hast du dich schon angemeldet, Profiltexte verfasst, Korrektur lesen lassen, dich stundenlang durch Fragebögen geklickt – ›Wie reagieren Sie auf Missverständnisse?‹, ›Mögen Sie grün?‹ –, jetzt ziehst du's auch durch!«

Na schön. Ich klickte auf den Log-in-Button und dann auf Fritz' Profilseite. Sein Foto: verpixelt. War klar, ich hatte für die Online-Kuppelei ja bisher nichts bezahlt. Während ich mit reichlich Sicherheitsabstand vor meinem Laptop saß und auf die Pixel starrte, die erahnen ließen, dass Fritz eventuell ein bisschen ungepflegt aussehen könnte, bekam ich eine Nachricht nach der anderen: »Hans-Peter sendet dir ein Lächeln«, »Frank sendet dir ein Lächeln«, »Harry sendet dir ein Lächeln«. Mir wurde klar: Bei dieser Online-Partnerbörse meinte ein Lächeln so viel wie ein Daumen hoch auf LinkedIn oder ein Herzchen auf Instagram – »Gefällt mir«. Ja, ich hätte mich geschmeichelt fühlen können, aber – sorry – ich war 59 und nicht 14, mit diesen Lächel-Nachrichten konnte ich rein gar nichts anfangen.

Da war ich also: jung, Ü50, einen Mann suchend. Ich beschloss, Hans-Peter, Frank und Harry eine zweite Chance zu geben. Bestimmt würden mir ihre Profile Aufschluss darüber geben, wer diese Herren im analogen Leben waren. Schließlich warb die Dating-Plattform damit, dass sie dafür sorgen würde, zueinanderpassende Menschen auch zueinanderzuführen. Ich scrollte auf den Seiten meiner Anwärter jeweils zur Rubrik »Über mich«, in der Platz für ein paar Sätze über die eigenen Interessen war. In meinem Profil hatte ich beispielsweise angegeben, dass ich seit 20 Jahren Golf spielte, gern ins Theater ging und auf Partys oft die Erste auf der Tanzfläche war. Doch von Hans-Peter bis Harry tat sich keine einzige Gemeinsamkeit auf, schlimmer noch, bei jedem der Männer, denen ich gefiel, stand gefühlt das genaue Gegenteil von dem, was ich mir gewünscht hatte. Lieber Algorithmus, danke für nichts! Ich hatte doch nicht extra so tolle Profilfotos von mir machen lassen, damit ich lauter Männer fand, die *nicht* zu mir passten.

Dann und wann schaute ich noch auf der Plattform vorbei, aber alles, was ich dabei fühlte, war Trotz und Widerwille. Ich würde doch nicht mit einer wildfremden Person hin- und herschreiben, ohne zu wissen, ob da im echten Leben eine Anziehung zwischen uns bestünde. Zwar wird geraten, nach dem ersten digitalen Kontakt zu telefonieren, vielleicht sogar per Videokonferenz, und dann bald ein erstes Treffen zu realisieren, doch wie ich es auch drehte und wendete, für mich fühlte sich dieser ganze Kennenlernprozess wenig organisch und daher irgendwie falsch an.

Die Zielgruppe 50plus ist auf Dating-Apps seltener unterwegs als Menschen um die 30,[2] doch eine meiner Bekannten, selbst Mitte 50, schwört als Flirtplattform auf Tinder. Mir jedoch schwante schon bald: Online-Dating funktionierte für mich maximal als kleiner Ego-Booster. Verstehen Sie mich nicht falsch, Online-Dating *kann* klappen, das weiß ich aus meinem Bekanntenkreis, in dem sich Menschen zwischen und 30 und 70 plus tummeln. Nur für mich ist es nichts. Ich will niemanden wegwischen und wegklicken, und ich will auch nicht weggewischt und weggeklickt werden.

»Wie alt sind Sie noch mal?«

So einfach wollte ich mich aber nicht von meinem Flirtkurs abbringen lassen – jetzt, wo ich mich gerade erst wieder auf die Pirsch begeben hatte. Ich erinnerte mich daran, dass eine meiner Freundinnen mal mithilfe einer Partnervermittlungsagentur versucht hatte, einen Mann kennenzulernen. Nichts mit Algorithmen, sondern echte Menschen, denen man von Angesicht zu Angesicht sagen kann, was man sich vorstellt und wünscht. Plus: ein riesiges Netzwerk an älteren Menschen, die Lust auf Liebe, Sex und/oder Zärtlichkeit hätten. Ich war Feuer und Flamme für diesen neuen Weg und fing als Nächstes an, im Internet Agenturen zu recherchieren. Die Telefonnummern purzelten mir nur so entgegen, von Hanau bis Hamburg und wieder zurück.

Als Erstes rief ich bei einer Düsseldorfer Nummer an. Ich hatte direkt den Inhaber der Agentur an der Strippe. Sehr gut, dachte ich, aber ich kam kaum zu Wort. Und wenn doch, unterbrach mich der Herr zügig. Irgendwann sagte er: »Wie alt sind Sie noch mal, 59? Bitte nicht falsch verstehen, aber das wird schwierig.«

Ich war empört. Wie meistens konterte ich schlagfertig und mit Ironie: »Soll ich jetzt einen Risikozuschlag bezahlen?«

Dem Düsseldorfer ging unmittelbar ein Licht auf, und er entschuldigte sich. Zu spät, in dieser Agentur würde ich sicherlich nicht zu meinem Tango oder irgendeinem anderen heißen Tänzchen kommen. Während er sich ausschweifend von mir verabschiedete, war ich mit dem Kopf längst bei der nächsten Telefonnummer.

030, Berlin. Diesmal sprach ich mit einer sehr freundlichen Frau. Ich fühlte mich verstanden, und nach einer guten Stunde vereinbarten wir ein Treffen in einer Hotellobby in der Hauptstadt. Eine Woche später stieg ich in Hamburg in den Zug. Ich war gespannt wie ein Flitzebogen – auf die Vermittlerin, unser Gespräch, alles. Endlich empfand ich Spaß bei meiner Suche nach neuen Bekanntschaften. So konnte es weitergehen, fand ich.

Ging es aber nicht. Die Dame machte zwar einen empathischen Eindruck und hörte mir aufmerksam zu, doch die Hotellobby war so charmant eingerichtet wie eine Zahnarztpraxis.

90 Prozent unserer Lebenszeit verbringen wir in Räumen.[3] Sollten es dann verdammt noch mal nicht Räume sein, die einem ein wohliges Gefühl vermitteln? Noch dazu, wenn dort die Liebe verhandelt wird? Ich fühlte mich in dieser Hotellobby mit all den

Businessleuten um mich herum wie Falschgeld. Und es war mir ein Rätsel, wie diese Dame annehmen konnte, dass ich ihr in diesem Umfeld von meinen privatesten Wünschen und Bedürfnissen erzählen würde.

War die Partnersuche 50 plus doch kniffliger als gedacht? Oder stellten sich die, die mir beim Finden der Liebe helfen sollten, bloß ungeschickt an?

Ich begann mich zu fragen, wie viele Runden ich im Supermarkt drehen müsste, bis mir vor der Wursttheke ein Mann in die Hacken fahren würde, in den ich mich verlieben konnte. Ein Forscher hat die Antwort auf diese Frage gefunden – nicht für mich persönlich, aber zum Mythos des Sich-zufällig-über-den-Weg-Laufens. Der britische Wirtschaftswissenschaftler Peter Backus errechnete, wie lange es dauern würde, in seiner Heimatstadt London eine passende Partnerin, der er und die ihm zusagte, auf klassischem Wege zu finden. Das Ergebnis war niederschmetternd: 780 Jahre.[4] Ich fühlte mich absolut gesund und vital, aber so viel Zeit hatte ich nicht!

Bildete ich es mir nur ein, oder war es in meinem Alter wirklich schwieriger, jemanden kennenzulernen? Mit 25 war ich nach einem Abend in den Clubs und Bars der Stadt, in der ich gerade lebte, mit deutlich mehr Telefonnummern nach Hause gekommen als heute. Selbstverständlich konnte das auch daran liegen, dass ich nicht mehr ganz so oft in Bars oder Clubs ging. Aber nicht nur. Während meiner Suche wurde ein Gedanke immer prominenter: Hatten wir Oldies das Flirten verlernt?

Knapp ein Drittel der Menschen gab in einer Umfrage der Gesellschaft für Konsumgüterforschung an, dass sie digitale Interaktion genauso angenehm fänden wie reelle Treffen.[5] Ich bin wirklich keine »Früher-war-alles-besser-Person«, aber ich habe den Eindruck, dass diese Entwicklung nicht gerade förderlich für menschliche Bindungen ist. Schon gar nicht für einen Flirt, der von Angesicht zu Angesicht stattfindet. Immerhin sehen längst nicht alle von uns das Digitale als Ersatz für echte Begegnungen. Laut einer Umfrage aus dem Jahr 2024 lernten sich rund 21 Prozent aller Paare über Dating-Apps kennen. 18 Prozent fanden die Liebe im Arbeitsumfeld.[6] Bei den über 50-Jährigen bildeten Arbeit und Freundeskreis mit jeweils 24 Prozent die Spitze, gefolgt von Dating-Apps mit 19 Prozent. Über andere Familienmitglieder lernten immerhin acht Prozent einen neuen Partner oder eine neue Partnerin kennen.[7]

Wenn ich mich an meine wilden Dreißiger erinnere, ist mir der Arbeitsplatz durchaus als Ort für *flirty* Begegnungen im Gedächtnis geblieben. In meinem Beruf als Tourismusmanagerin hatte ich oftmals den Status der Henne im Korb und genoss ihn. Vor allem Flughäfen waren häufig ein wunderbarer Flirt-Umschlagplatz. Als ich mal von Zürich nach Dubai flog – ich muss damals Ende 30 gewesen sein –, wartete mit mir am Gate ein überaus attraktiver junger Mann. Schicker dunkelblauer Anzug, das weiße Hemd darunter bis zum Brusthaaransatz aufgeknöpft. Nicht von schlechten Eltern. Das wäre mal ein heißer Sitznachbar, dachte ich. Ich ließ meinen Blick zuerst über die Wartenden schweifen, dann schaute ich den schönen Mann in Dunkelblau einfach so lange an, bis sich unsere Blicke trafen. Frau muss sich schließlich bemerkbar machen, nicht wahr?

Als ich den Flieger betrat, hatte ich sofort meinen Platz am Fenster im Visier. Und wer saß bereits auf dem Sitz daneben? Genau, der gut aussehende Herr vom Gate. Manchmal hört das Universum einfach zu, wenn man sich etwas wünscht. Wir unterhielten uns den ganzen Flug über angeregt und verstanden uns blendend. Kurz vor der Landung stand er auf und kam ein paar Minuten später mit einem Geschenk zurück. Beim Steward hatte er ein Parfüm für mich gekauft – und mit dem Duft auch noch ins Schwarze getroffen. Nach der Landung verabschiedeten wir uns, und jeder ging seiner Wege. Ich habe ihn nie wiedergesehen, aber freue mich bis heute über diese schöne Anekdote. Wie leichtfüßig Flirten im Alltag sein kann und wie gut das Seele und Körper tut!

Übungsterrain Warteschlange

Kleine Alltagssituationen lassen sich sehr schön nutzen, um spielerisch mit einer bis dato noch unbekannten Person in Kontakt zu treten. Sie warten in einer Schlange darauf, dass Sie drankommen und hinter Ihnen steht ein gut aussehender Kerl? Was spricht gegen einen kecken Blick über die Schulter? Ich finde, dabei vergibt man sich nichts und kann dabei das Flirten üben, ob man nun 39 oder 62 Jahre alt ist.

Und, wie ist das bei Ihnen? Wo flirten Sie am liebsten, oder wo sehen Sie das größte Potenzial, einen Partner oder eine Partnerin zu finden?

Falls Sie gerade Ihre Belegschaft im Büro gedanklich durchgehen: Überlegen Sie, ob Sie überhaupt Interesse an einem Partner haben, der sich in Ihrem beruflichen Kosmos bewegt. Es kann nämlich auch von Vorteil sein, wenn Sie nicht aus demselben Bereich kommen und die Arbeit am Wochenende deshalb vielleicht eher Arbeit sein lassen, statt beim Sonntagsfrühstück über Klaus aus dem Consulting oder Birgit aus der Personalabteilung zu diskutieren.

Wenn Sie nicht in der eigenen Firma flirten, aber trotzdem im beruflichen Umfeld bleiben möchten: Buchen Sie einen Platz bei einer Fortbildung oder in einem Workshop, bei dem Menschen aus verschiedenen Unternehmen zusammenkommen. Der Vorteil für den Beginn eines Flirts liegt hier klar auf der Hand: Selten kann man so selbstverständlich und unverfänglich miteinander ins Gespräch kommen, wie wenn man gerade dasselbe PowerPoint-Chart nicht verstanden hat oder an derselben Stelle lachen musste.

Sofern Sie nicht (mehr) beruflich aktiv sind: Wann waren Sie zuletzt in einem Buchclub, in einem Aerobic-Kurs oder haben bei einem Vereinsfest Kuchen verkauft? Ach so, Lesen, Tanzen und Essen sind nicht Ihr Ding? Kein Problem. Hauptsache, Sie vergraben sich nicht zu Hause und wundern sich, dass niemand bei Ihnen klingelt, um zu fragen, ob Sie vielleicht mal ausgehen wollen. Worauf ich hinausmöchte: Unser Leben ist die Summe der Dinge, die wir tun und lassen. Wenn Sie sich Begegnungen wünschen oder Abenteuer erleben möchten, dann müssen Sie aktiv werden.

Ich kann mir gut vorstellen, dass einem eher introvertierten Menschen diese Vorstellung Schweißperlen auf die Stirn treibt. Die gute Nachricht ist: Sie müssen keine Rampensau sein, um sich wendig und gekonnt auf der Tanzfläche der Flirtmöglichkeiten zu bewegen. Eine Sache aber braucht es für den einen oder anderen Tango und die Chance auf die Liebe oder eine Liebelei doch: ein Quäntchen Offenheit, ob Sie nun in der digitalen oder der analogen Welt Ausschau nach einem Flirt halten. Offenheit kann bereits im Kleinen der Schlüssel zu so vielem sein, vor allem zu Begegnungen. Keine Sorge, Sie müssen nicht gleich einen Seelenstriptease hinlegen, bloß ein bisschen mutig sein. Ich nenne das »Flirten mit Fallschirm« – Flirten, aber so unverfänglich wie möglich.

Stellen Sie sich folgende Situation vor: Sie stehen mit dem Auto bei Rot ganz vorne an der Ampel. Ein sympathischer Mann geht über die Straße, und Sie denken: Mein lieber Herr Gesangsverein, der sieht aber gut aus. Plötzlich blickt er in Ihre Richtung, und Sie merken, dass da ein Fünkchen Chemie ist. Und jetzt? Tun Sie's, lächeln Sie ihn einfach an! Was soll denn passieren? Sie sitzen im Auto, in ein paar Sekunden schaltet die Ampel wieder auf Grün, Sie brausen davon und sehen den Mann nie wieder. Aber: Sie haben ihm und sich ein Lächeln ins Gesicht gezaubert und dabei spielend Flirten geübt.

Es kann so einfach sein, in Kontakt zu treten. Und es kann so einfach sein, einen kleinen Flirt zu initiieren, sofern wir dafür offen sind. Ich weiß das aus eigener Erfahrung. Obwohl mir Schüchternheit eher fremd ist, musste ich mit Anfang 60 Offenheit anderen Menschen gegenüber erst wieder lernen. Wie es dazu kam? Ich bin eine vielseitig interessierte Frau, und so besuchte ich eine Profilerin mit dem Ansinnen, sie möge mir etwas über meine Außenwirkung, meine Gestik und Mimik und so weiter verraten. Ich erfuhr bei diesem Workshop vieles über mich, unter anderem sagte mir die Dame, dass mein Gesicht recht verschlossen wirke. Damals trug ich einen Pony, der fast ein Drittel meines Gesichts verdeckte. Vor und während meiner Ehe mit Max hatte ich nie Pony getragen. Dank der Profilerin verstand ich plötzlich: Nach Max' Tod hatte ich »dicht« gemacht, auch optisch. »Und diese Verschlossenheit, Gabi, die kann dazu führen, dass du von Menschen, die dich nicht kennen, als arrogant wahrgenommen wirst. Obwohl du das gar nicht bist.« Ich wusste sofort, worauf die Profilerin hinauswollte.

Kurz vor meinem Besuch bei ihr war ich mit einer Freundin auf einer Veranstaltung gewesen. Sie war ruck, zuck mit allen möglichen Menschen ins Gespräch gekommen, während ich wie bestellt und nicht abgeholt danebengestanden hatte. Mein Besuch bei der Profilerin zeigte mir eindrücklich, dass ich die Offenheit, mit der ich früher durchs Leben gegangen war, etwas verlernt hatte. Und er rief mir etwas Wichtiges ins Gedächtnis: dass Offenheit wechselseitig ist. Wenn ich einer Person offen begegne, ist die Chance, dass sie dasselbe tun wird, größer. Bei meinem nächsten Friseurtermin sagte ich bereits beim Reinkommen: »Der Pony kommt heute weg.« Logisch, oder? Meine Friseurin Isabel beglückwünschte mich übrigens zu der Entscheidung und föhnte und schnitt meine Haare so, dass von meinem »Schutzschild« fast nichts mehr zu sehen war. Noch ein paar Wochen, dann könnte ich die Haare vollständig hinters Ohr streichen.

Doch Offenheit begründet sich nicht nur in einer Frisur oder in einem netten Wort, sie ist die Summe aus vielen Dingen. Und wissen Sie was? Offenheit kann man lernen. Hierbei hat jede und jeder ein eigenes Tempo und eigene Grenzen. Sie können sich beim besten Willen nicht vorstellen, mir nichts, dir nichts auf eine fremde Person zuzugehen? Dann tun Sie es nicht, Verbiegen hat noch keinem Kennenlernen jemals gutgetan. Frauen in unserem Alter wissen das. Aber vielleicht sehen Sie ja die Möglichkeit, in einem anderen Moment über Ihren Schatten zu springen? Etwa wenn Sie angesprochen werden und normalerweise kein Wort herausbringen würden. Beim nächsten Mal betreiben Sie Konversation! Fragen Sie, welches Getränk die andere Person empfehlen kann oder was sie beruflich macht. Reden Sie im Notfall übers Wetter – alles ist besser als ungelenkes Schweigen.

Seien Sie bei der Suche nach einer Bekanntschaft Sie selbst. Verstehen Sie dies bitte nicht als Floskel, sondern als Grundsatz, den Sie mit Leben füllen. Alles andere wäre auch wirklich Murks. Aus Erfahrung kann ich sagen, dass es guttut, wenn wir uns beim Kennenlernen auf sympathische Weise auf unsere Stärken besinnen. Sie bringen Ihren gesamten Freundeskreis regelmäßig dazu, Tränen zu lachen, weil Sie immer den richtigen Spruch auf Lager haben? Dann sagen Sie nicht, dass Sie witzig sind, sondern seien Sie es! Falls Sie Humor eher an anderen schätzen, anstatt ihn als eine Ihrer Superkräfte zu sehen: Womöglich helfen Ihnen ein paar wissenschaftlich erprobte Fragen dabei, von der Smalltalk-Ebene zu tiefsinnigeren Themen zu wechseln. Der Psychologe Arthur Aron veröffentlichte 1997 einen Katalog von 36 Fragen, der dabei helfen soll, dass zwei Menschen sich zueinander hingezogen fühlen.[8] Ich selbst habe es nicht ausprobiert, finde aber viele der Fragen äußerst inspirierend. Sie lauten in etwa so: »Was macht für dich einen perfekten Tag aus?«, »Gibt es etwas, das du schon immer mal machen wolltest, dich bislang aber nicht getraut hast?«, »Was bedeutet dir

Freundschaft?« Sollte eines der Themen in Ihre nächste Unterhaltung mit einem potenziellen Partner oder der potenziellen Partnerin passen, zögern Sie nicht und schauen Sie mal, welche Wendung das Gespräch nimmt.

Falls sich das bislang für Sie nach Basiswissen angehört hat, schalten wir nun einen Gang hoch: Konversation ist für Sie ein Leichtes und beim Theaterbesuch oder auf dem Firmen-Event haben Sie bereits einen Mann ins Auge gefasst, der Ihr nächster Flirt sein könnte? Falls Sie mit Reizen nicht geizen oder gern ein bisschen spielen: Vielleicht öffnen Sie ja unbemerkt den obersten Knopf Ihrer Bluse, wenn Ihr Objekt der Begierde gerade mal nicht hinsieht. Oder Sie tragen knallroten Lippenstift und die passenden Nägel dazu selbstbewusst. Ein guter Flirt darf sich lustvoll, leicht und spielerisch anfühlen. Seien Sie offen dafür, auch mal über Ihren Schatten zu springen.

Offenheit und Handeln gehen Hand in Hand. Probieren Sie es aus! Ob auf einer Dating-App, im Aerobic-Kurs, beim Golf oder doch im Supermarkt.

Online oder analog? Hauptsache, mutig!

Sie allein entscheiden, welchen Weg Sie einschlagen. Den einzig wahren Ort zum Flirten gibt es nicht, deshalb bitte ich Sie, sich die Locations in der digitalen oder analogen Welt herauszupicken, die sich für Sie stimmig anfühlen.

Ein kleiner Tipp: Falls Sie digital Ihre zweite Flirtkarriere starten möchten, geben Sie sich Mühe – bei Ihren Fotos sowie bei Ihrer Biografie. Bei der Auswahl der Bilder etwa sind Sonnenbrillen, unnatürliche Selfies und Photoshop absolut tabu. Zeigen Sie Vielfalt und Individualität: Auf Ihrer Reise nach Pisa ist ein witziger Schnappschuss von Ihnen vor dem berühmten schiefen Turm entstanden? Perfekt, denn ein Urlaubsfoto Foto von Ihnen oder eines an Ihrem Lieblingsort verrät viel mehr über Sie als ein gestelltes Selfie. Auch bei den Texten über Ihr Leben, Ihre Wünsche und Vorstellungen locken Sie mit leeren Worthülsen niemanden hinterm Ofen hervor. Nehmen Sie sich Zeit: Legen Sie Ihre Persönlichkeit in den Text und holen Sie sich gegebenenfalls Hilfe, wenn Sie keine Virtuosin auf dem Papier sind.

Für den einen mag eine Dating-App die richtige Variante sein, für die andere der Gang zu einer analogen Partnervermittlung. Der eine mag es anonymer, die andere schätzt die direkte Begegnung. Eines haben wir alle gemeinsam: Wir brauchen Offenheit und Mut, da kommen wir nicht drum herum.

Meine Freundinnen und ich haben schon die dollsten Zufälle und Geschichten erlebt. Nicht jedes Kennenlernen war von Erfolg gekrönt, nicht jeder Frosch wurde durch einen leidenschaftlichen Kuss zum Prinzen. Enttäuschungen gehören zum Flirten – womit wir wieder zu der kalten Hotellobby in Berlin kommen, in der ich mich im Frühling 2021 herumdrückte.

Die Dame von der Partnervermittlung hatte mir bereits nach wenigen Minuten versprochen, dass sie mir für eine fünfstellige Summe ein paar passende Männer vorstellen könne, und wedelte mit einem Vertrag vor meinen Augen herum. In der Lobby zog es wie Hechtsuppe, und der Kaffee war schon kalt, als er auf den Tisch kam. Um mich herum saßen lauter Menschen in Anzug und Kostüm, typisch für ein Tagungshotel. Wahrscheinlich wäre mein Mittag ergiebiger gewesen, wenn ich einen der Businessmänner angesprochen hätte, anstatt mich mit der Dame von der Agentur in wuselig-lärmender Atmosphäre über die Liebe in der zweiten Lebenshälfte zu unterhalten. Alles, woran ich in diesen Minuten denken konnte, war: Ich möchte nicht, dass sich meine Suche nach einem Flirt wie ein Business-Deal anfühlt. Dieses Treffen in der Berliner Hotellobby war mein letztes dieser Art.

Zurück in Hamburg bat ich Uta, auch meinen Account bei der Online-Dating-Plattform unwiderruflich zu löschen. Ich wollte nichts mehr mit Algorithmen oder lächelnden Fritzen zu tun haben. Immerhin wusste ich jetzt, wie das Suchen und Finden der Liebe für mich schon mal nicht funktionierte. Und noch etwas war mir klar geworden: Wäre ich selbst Amors Gehilfin, würde ich das alles ganz anders und vielleicht sogar besser machen als die, die meinen Weg bis zu diesem Zeitpunkt gekreuzt hatten.

Hobbys zum Verlieben

Wo wir gerade beim Tanzen sind, ob nun Tango, Walzer oder Aerobic: Genau wie bei anderen Sportarten schüttet der Körper beim Tanzen Glückshormone aus. Je nachdem, welche Art von Tanzen Ihnen Spaß macht, brauchen Sie dafür nicht mal einen Tanzpartner. Beim Zumba in einem Fitnessstudio beispielsweise kann man sich wunderbar in der Gruppe glücklich tanzen. Geht man diesem Hobby zu zweit nach, etwa in einer Tanzschule, kann es eine verbindende Wirkung haben, vorausgesetzt die Chemie stimmt. Die körperliche Nähe, Lieblingssongs, ausgelassene Stimmung – das eine oder andere Paar hat sich auf diese Weise schon gefunden. Falls Sie genauso gerne wie ich die Tanzshow *Let's Dance* gucken, erinnern Sie sich vielleicht daran, dass Profi-Tänzer Massimo Sinato und Model Rebecca Mir nach der gemeinsamen Teilnahme geheiratet haben, und auch Tänzerin Christina Luft und Sänger Luca Hänni gaben nach der Show bekannt, dass sie sich ineinander verliebt hätten. Mittlerweile sind die beiden ein Ehepaar und Eltern einer Tochter.

Tanzen ist nicht Ihr Ding? Macht nichts, denn für welches Hobby Sie sich auch entscheiden, ob Walking, Malen oder Tennis, eines ist sicher: In einem Verein treffen Sie auf Gleichgesinnte und haben so automatisch direkt ein Gesprächsthema. Neuesten Umfrageergebnissen nach lernten immerhin fünf Prozent der Menschen über 50 in einem Verein ihren Partner oder ihre Partnerin kennen. Zudem ist die Anmeldung bei einem Verein so herrlich unschuldig – denn erst einmal sind Sie ja nur Ihres Hobbys wegen vor Ort. Und wenn Sie dann auch noch rein zufällig jemanden kennenlernen, der Ihnen richtig gut gefällt, dann nennt man das vielleicht eben einfach glückliche Fügung.

Die Superkraft in uns: Selbstwirksamkeit

Haben Sie das Wort Selbstwirksamkeitsüberzeugung schon mal gehört? Es klingt recht sperrig, ich weiß. Seine Bedeutung gefällt mir dennoch: Sie haben bereits eine schwierige Situation in Ihrem Leben gemeistert und sind sich dessen bewusst? Dann wird sich die nächste Herausforderung vermutlich nicht mehr ganz so groß anfühlen. Selbstwirksamkeitsüberzeugung funktioniert in allen Bereichen unseres Lebens, auch bei der Kontaktaufnahme. Wenn Sie also das Lächeln an der Ampel geschafft haben, die neue Frisur oder die Anmeldung beim Buchclub, dann sind Sie gewappnet für einen waschechten Flirt mit der Person Ihrer Wahl. Denn Sie wissen ja: It takes two to tango – or three or four. Ganz wie Sie möchten. Alles, was gefällt, ist erlaubt.

»Trinken Sie noch Espresso,
oder flirten Sie schon?«

Gabriele Pochhammer

Flirty Talk?! Oder: Was, wenn der letzte Flirt 30 Jahre her ist?

Wenn Sie das Gefühl haben, in puncto Flirten ein bisschen eingerostet zu sein, sind Sie in guter Gesellschaft. Viele Ü50-Jährige wissen nicht (mehr) so recht, wie es geht. Lassen Sie uns das ändern, denn Flirten ist doch das Beste an diesem ganzen Liebeszirkus. Warum? Weil es das einzige Stadium ist, in dem man noch keine Problemchen miteinander hat – man kennt sich ja kaum. Und wenn, dann zumindest nicht als potenzielle Beziehungspartner. Wir wissen an diesem Punkt noch nicht, wie lausig der andere die Spülmaschine einräumt oder ob er die Zahnpastatube ordnungsgemäß zudreht. Gut so! Denn ein Flirt ist ein Vorspiel ohne Nachspiel. Vergessen Sie den Alltag, nehmen Sie das Leben leicht, haben Sie Spaß, lassen Sie los und genießen Sie! Sind Sie bereit?

»Vielleicht kann ich einfach gar nicht flirten«, sagte Uta eines Samstagnachmittags zu mir und schob sich einen Champagnertrüffel in den Mund.

Uta war nie verheiratet gewesen, hatte eine erwachsene Tochter und ihre letzte Beziehung mit Ende 40 beendet. Sie war seit über zehn Jahren Single. Wir hatten uns beide bei der Online-Partnerbörse angemeldet, und ihr Profil war im Gegensatz zu meinem noch aktiv geschaltet. Als »Spielplatz für Erwachsene« hatte Uta die Plattform bezeichnet. Sie fand das digitale Kennenlernen spannend. Vor ein paar Tagen hatte sich meine lebenslustige Freundin mit dem attraktiven Dieter aus der Lüneburger Heide zu einem Spaziergang getroffen. Sie war angetan gewesen von seinen grauen Schläfen, seinem warmen Händedruck und seiner Theorie über das Sozialverhalten von Heidschnucken. Nun saß sie mir auf meiner Couch gegenüber, seufzte viel und fragte sich – und mich –, ob Dieter während des zweieinhalbstündigen Spaziergangs eigentlich überhaupt mit ihr geflirtet hätte.

»Wenn ihr zweieinhalb Stunden lang spazieren gewesen seid«, fing ich an, »dann klingt das für mich erst mal nicht danach, dass einer von euch beiden schnell Reißaus nehmen wollte. Das ist doch ein gutes Zeichen. Oder habt ihr euch verlaufen?«

Uta schüttelte energisch den Kopf. »Nee, der kennt die Gegend doch wie seine Westentasche. Nach einer Weile, da waren wir bestimmt schon zwei Stunden unterwegs, hat er sogar vorgeschlagen, eine noch größere Runde zu drehen. Einen schönen Badesee gäbe es da, den müsste er mir unbedingt zeigen. Aber ich dachte nur: Wieso Badesee? Es war doch schon Abend und viel zu kühl zum Baden. Und die Sonne hat auch nicht geschienen.«

Hatte ich mich gerade verhört, oder hatte Uta Dieters Wink mit dem Zaunpfahl tatsächlich nicht gecheckt?

»Mensch, Uta, das ist doch eindeutig!«, rief ich. »Er wollte noch mehr Zeit mit dir verbringen.«

Uta zog die Augenbrauen hoch. »Meinst du?«

»Und wie ich das meine! Was hast du denn darauf gesagt?«

»Na, dass es doch viel zu kalt wäre.«

»Und dann?«

»Sind wir zurück zum Parkplatz geschlendert. Und dort hat er mir eine kleine Topfpflanze überreicht. Die hatte er im Auto. In so einer kleinen Geschenktüte.«

»Was für eine Topfpflanze?«

»Ein Kaktus.«

»Und dann?«

»Haben wir uns verabschiedet.«

»Und jetzt?«

»Nichts.«

»Ach, Uta!«

Meine Freundin hatte im Gegensatz zu mir keines von Dieters Signalen als Flirtversuche gedeutet. Ich fand seinen scheuen Vorstoß sympathisch, auch wenn er zugegebenermaßen etwas, sagen wir, stachelig war.

Uta sah mich erwartungsvoll an. »Was mach' ich denn jetzt, Gabi?«

Ich zog die Schachtel Pralinen zu mir und holte tief Luft.

Sie sehen, die Geschichte des Flirtens ist eine Geschichte voller Missverständnisse. Während ein Dieter versucht, mit einer stoppeligen Topfpflanze seine Zuneigung zu demonstrieren, sieht eine Uta den See vor lauter Heidekraut nicht.

Das ist übrigens typisch. Nicht für Uta, sondern für die Flirtversuche unserer Generation. Neulich las ich in einem Magazin einen aufschlussreichen Artikel darüber, dass viele Menschen es gar nicht merken, wenn sie angeflirtet werden. Oder sie wissen nicht, wie sie ihr Interesse am Gegenüber bekunden sollen. Man könnte meinen, es sei ein Wunder, wenn es überhaupt manchmal klappt. Im Gegenzug käme es laut diesem Artikel wohl auch öfters vor, dass Männer ihre Anziehungskraft überschätzten und Frauen, die im Beruf und in ihrem Leben stets ihren Mann gestanden hatten, verlernt hätten, sich fallen zu lassen.

An dieser Stelle fühlte ich mich beim Lesen plötzlich ertappt. Als junge Frau hatte ich es immer geliebt zu flirten, doch nach Max' Tod hatte ich ein Mäuerchen um mich herum errichtet, von Leichtigkeit oder Lust keine Spur. Weshalb, kann ich mir rückblickend eindeutig erklären: Ich musste in den Wochen, Monaten, Jahren nach seinem Tod wieder lernen, alles allein zu regeln. Telefonverträge kündigen, Passwörter entschlüsseln, Weihnachtsbaum kaufen, Weihnachtsbaum entsorgen, mich nicht übers Ohr hauen lassen, Businessfrau sein ... Da kann einem die weiche, spielerische Seite schon mal ein wenig abhanden kommen.

Und dann gab es laut Artikel noch einen Punkt, der beim Flirten zu Komplikationen führen konnte: Die meisten älteren Singles hätten Angst, sich lächerlich zu machen – geschlechterunabhängig. All diese Stolpersteinchen, so die Konklusion, führten dazu, dass Menschen in unserem Alter den Kopf in den Sand steckten, bevor sie es überhaupt versucht hätten. Was für eine vertane Chance auf Lebenslust und Lebensfreude!

Ähnliche Gedanken und Sorgen hatten Uta beim Date mit Dieter auch beschäftigt. Was sie auf dem Parkplatz bei der Topfpflanzen-Übergabe denn bitte schön hätte machen sollen, herrschte sie mich an, um dann übertrieben zu sagen: »Ihm tief in die Augen schauen und hauchen: Und wann kommst du zum Gießen vorbei?«

Bei der Vorstellung mussten wir beide losprusten.

Als ich mich wieder eingekriegt hatte, erwiderte ich: »Warum eigentlich nicht?«

Und dann mussten wir wieder lachen.

Genau darum geht es beim Flirten übrigens auch: Leichtigkeit, Loslassen – und vor allem Lachen. Humor bezeichnen Soziologinnen und Soziologen neben der berühmten Chemie als eine Art Wundermittel, um beim ersten Kennenlernen gute Energien fließen zu lassen. Wer kennt es nicht: Bekommt man im Alltag ein

Lächeln geschenkt, sorgt das im Normalfall dafür, dass man es großzügig erwidert.

Lachen und Lächeln gehören zum Flirten wie die Butter zum Hamburger Pannfisch. Auch beim Lächeln gilt: Es kommt an, was authentisch ist. Ob Sie lieber mit geschlossenem Mund lächeln oder Zähne zeigen, bleibt Ihnen überlassen. Hauptsache, Sie halten die Zähne nicht in der Hand. Spaß beiseite: Sie müssen nicht ständig grinsen, wenn Sie auf Flirtkurs sind, aber Freundlichkeit in der Mimik ist ein Türöffner. Ich teste das manchmal vor meinem Badezimmerspiegel. Wenn ich so gucke, als würde gleich jemand von mir ein biometrisches Foto machen, denke ich: Na ja, was willst du machen?! Bewege ich meine Mundwinkel aber zu einem Lächeln, bekommt mein Gesicht gleich einen ganz anderen Ausdruck. Meine Augen scheinen größer und meine Ausstrahlung wärmer und weicher. Genau das kann die Eintrittskarte zum Kontakt sein.

Womöglich ist Ihnen mein kleines Wortspiel in der Überschrift aufgefallen: Aus dem Begriff Dirty Talk habe ich Flirty Talk gemacht. Sie brauchen sich also keine Sorgen darüber zu machen, dass es in diesem Kapitel schon ans Eingemachte à la »Was hast du gerade an?« geht. An dieser Stelle wird erst mal nur geflirtet, maximal vielleicht gesäuselt, und möglicherweise schöne Unterwäsche dabei getragen.

Was soll schon passieren, wenn Sie Ihren Kopf ein paar Zentimeter unter Ihrem Schildkrötenpanzer hervorstrecken und dem sympathischen Herrn, der an der Kasse hinter Ihnen steht, zulächeln? Richtig, im schlimmsten Fall erwidert er ihr Lächeln nicht. Na und? Natürlich macht es mehr Spaß, wenn wir die Rückmeldung bekommen, die wir uns wünschen. Aber ein kleiner Korb ist kein Beinbruch. Sehen Sie es als Übung. Krönchen richten, weitergehen.

Grundhaltung: Selbstliebe

Flirten ist Bauchsache, auch wenn Sie sich als Kopfmensch bezeichnen würden, deswegen machen wir es so wie bei den Solo-Dates: Wir variieren und steigern uns langsam, und Sie lassen sich einfach von dem Tipp inspirieren, der sich für Ihr Naturell passend anfühlt.

Flirten hat etwas mit Mut zu tun, aber Verbiegen bringt nichts. Aus dem Alter, gefallen zu wollen, sind wir längst raus. Es geht nicht darum, dem Mann zu gefallen, sondern sich selbst zu mögen, innerlich wie äußerlich. Wenn unserem Gegenüber unsere Persönlichkeit zusagt, sehr schön. Wenn nicht, auch gut.

Ich habe diverse Pölsterchen und Cellulite, weswegen ich mir mindestens einmal pro Monat vornehme: »So, Gabi, ab morgen machst du Sport, und dann siehst du bald aus wie Jane Fonda.« Tue ich aber beides nicht, damit muss ich klarkommen. Obwohl mir auf Anhieb ein paar Sportarten einfallen würden, die ich mag. Golfen zum Beispiel. Oder Pilates. Aber ich bräuchte jemanden, der mich mitzieht. Von allein morgens erst mal ins Gym? Not me!

Eine pessimistische Sicht auf sich selbst hilft beim Flirten nicht, sie kann sogar hinderlich sein, weil es viel mit Lust, Spaß und Spiel zu tun hat. Wer bin ich eigentlich? Woher kommt meine innere Kraft? Was kann ich gut? Was finde ich an mir schön? Wenn ich mal wieder vergesse, was ich an mir mag – ich könnte schwören, es waren ein, zwei Attribute –, dann frage ich eine gute Freundin. Eine, von der ich weiß, dass sie mir wohlgesonnen ist. »Du hast so tolle grüne Augen, Gabi«, bekomme ich oft zu hören. Oder: »Du bist eine fantastische Gastgeberin.« Oder von meiner Friseurin Isabel, die mich immer so liebevoll berät wie eine persönliche Stylistin: »Cremefarben bringen deine weiche Seite so schön zur Geltung!« Nach solchen Gesprächen weiß ich dann wieder ein bisschen besser, wer ich bin. Wie ist das bei Ihnen?

Gute Freunde und Freundinnen als Selbstwert-Booster

Falls Sie bereits ahnen, dass sich bei Ihnen bald ein kleiner Flirt anbahnen könnte oder sie ganz gezielt ein bisschen auf die Pirsch gehen wollen, empfehle ich Ihnen den Austausch mit einem Menschen, der Sie kennt und gernhat. Fragen Sie sie oder ihn: Was magst du an mir? Ich bin mir relativ sicher, dass Sie einen Stift und ein Blatt Papier brauchen werden, weil Sie sich sonst gar nicht alles merken können. Übrigens: Ein Treffen mit guten Freundinnen soll per se dazu beitragen, dass wir ein stärkeres Selbstwertgefühl haben, vorausgesetzt, wir fühlen uns bei dem Treffen wohl und geborgen.

Kleines Einmaleins des Flirtens

Egal ob es um ein Lächeln in der Eisdiele oder im Stadtpark geht, um das erste Telefonat mit ihrer Online-Bekanntschaft oder um eine zufällige Begegnung, bei der plötzlich die Funken fliegen – ein Flirt darf sich wie ein wohltuendes Spielchen anfühlen. Leichtfüßig, anregend und mit einem warmen Gefühl im Bauch. Oder an anderen Stellen im Körper.

Wenn ich meine letzten Jahrzehnte im Kopf durchgehe, fällt mir auf: Flirten ist ortsunabhängig. Ich habe in der Economy Class eines Flugzeugs geflirtet, auf einem Parkplatz in der Hamburger Innenstadt, am Briefkasten vor meinem Haus, in Restaurants, Meetings oder auf der Dinnerparty meiner Freunde mit meinem zukünftigen Ehemann. Als mir das bewusst wurde, machte mein Herz einen kleinen Sprung. Mir gefiel, dass diese Erkenntnis so wunderbar einzahlte auf die Sorglosigkeit dieses kleinen Unterfangens.

»Sorglos? Wieso sorglos?«, hätte Uta jetzt wahrscheinlich minimal empört ausgerufen. Moment, genau deswegen sind wir ja hier. Also, weiter im Text.

Nehmen wir an, es treffen zwei Menschen aufeinander, die sich gegenseitig interessant, womöglich sogar anziehend finden. Ein paar Vorkehrungen braucht es meiner Meinung nach, um überhaupt eine Atmosphäre zu kreieren, in der ein Flirt entstehen kann. Wir wollen ja nicht, dass es so läuft wie im Artikel beschrieben: dass da zwei Menschen sind, die sich eigentlich gut finden, aber gar nichts davon merken.

Da wäre zum einen der Blickkontakt. Auch wenn Sie Nervosität verspüren, weil Sie zum ersten Mal seit 1982 mit einem Mann in Kontakt treten, der nicht der Briefträger oder ein Familienmitglied ist: Weichen Sie seinen Blicken nicht aus. Natürlicher Augenkontakt gehört zu jeder Kommunikation dazu. Bleibt er aus, könnte das irritierend wirken.

Genauso entscheidend: die Körpersprache. Ich persönlich finde ja, dass man bei einem gelingenden Flirt zwangsläufig eine positive Spannung im Körper verspürt. Bei mir führt sie immer dazu, dass ich sehr zugewandt stehe oder sitze und meine Aufmerksamkeitsspanne besonders groß ist. Ich kenne aber auch Menschen, deren Unsicherheit dazu führen kann, dass sie sich vom Objekt der Begierde körperlich eher abwenden, ein unterbewusster Schutzmechanismus. Wenn Sie zu diesen Kandidatinnen gehören und in diesem Moment Herrin ihrer Sinne sind, dann wenden Sie sich Ihrem Gegenüber bewusst zu. Sonst könnte Ihnen ein ähnlicher Wirrwarr wie meiner Freundin Uta blühen, die eher Desinteresse signalisierte, obwohl sie gar nicht so uninteressiert war. Ein No-Go gibt es allerdings: Was in den 70ern noch funktioniert hat, wenn man Interesse an seinem Gegenüber bekunden wollte, war das Zuzwinkern. Heute, so mein Gefühl, ist das out. Wenn Sie es aber nicht lassen können, dann nehmen Sie auf jeden Fall vorher die Gleitsichtbrille ab. Nicht dass Ihr Gegenüber denkt, Sie hätten etwas im Auge.

Von Dessous-Missgeschicken und gut geschlitzten Kleidern

Wenn Sie der Blitz unvorbereitet beim Einkaufen oder am Briefkasten trifft und Sie in Schlabberhosen und Kuschelpulli vor Ihrem nächsten potenziellen Flirtpartner stehen, dann sei es so. Machen Sie mit Ihrem Augenaufschlag einfach das Beste daraus. Wenn die Luft trotz Gammel-Look knistert, können Sie sich wenigstens sicher sein, dass der Mann kein oberflächlicher Typ ist. Sofern Sie aber die Möglichkeit haben, sich auf einen Flirt vorzubereiten, empfehle ich Ihnen, sich auf den Anfang dieses Kapitels zu besinnen: Für wen machen Sie das alles hier? Genau, Sie machen das für sich. Deshalb tragen Sie selbstverständlich auch die Kleidung, in der Sie sich wohl und schön fühlen.

Was meiner Meinung nach bei Outfit-Überlegungen allerdings nie schadet: Wenn Sie Lust verspüren, Ihrem Gegenüber zu zeigen, was Sie haben – eventuell noch immer ein Knaller-Dekolleté oder tolle Beine –, dann machen Sie das. Beim ersten Flirt mit Max trug ich ein Kleid mit Schlitz, und als ich merkte, wie viel Freude mir das Zusammentreffen mit diesem Herrn mit Zigarre machte, schob ich den Schlitz im Laufe unseres Gesprächs ein Stückchen weiter hoch. Für mich fühlte sich das in diesem Moment nach mir und genau richtig an.

Mein Händchen im Mode- und Flirtsektor war aber nicht immer so glücklich. Ich gewähre Ihnen an dieser Stelle einen Blick hinter die Kulissen: Eine Freundin empfahl mir, ich solle doch mal halterlose Strümpfe tragen; darin würde ich mich sicher supersexy und selbstbewusst fühlen. Ich war schon als junge Frau experimentierfreudig, doch von diesem Trend fühlte ich mich bis ins hohe Alter eigentlich nicht angesprochen. Ach, was soll's, warum nicht?, dachte ich und stiefelte mit Tiffy zur Wäscheboutique meines Vertrauens. Ein Paar schwarze halterlose Strümpfe landeten in meinem Korb, weil ich in Eile war, ohne sie anprobiert zu haben. Nach einem anstrengenden Tag, auf den ich ein ausgiebiges Schönheitsprogramm am Abend, Badewanne, Körperpeeling, Augenmaske, folgen ließ, fühlte ich mich bereit, die von meiner Freundin angepriesene Dessousvariante anzuprobieren.

Ich setzte mich aufs Bett, Fuß auf dem Hocker vor mir aufgestellt. Schon beim Hineinsteigen in die Nylons bekam ich Gänsehaut. Nicht vor Lust, sondern weil der Stoff juckte. »Iiiihhh«, rief ich aus, zog das Teil aber trotzdem bis zur Mitte des Oberschenkels hoch, so wie es mir die Verkäuferin in der Boutique erklärt hatte. »Ruhig ein bisschen strammziehen, Frau Pochhammer, ja?«, hatte mir die Verkäuferin beim Hinausgehen hinterhergerufen. Ich zog so gut es ging und fragte mich, ob es sich wohl so anfühlte, wenn man eine Metzgereifachausbildung machte. Als ich fertig war, stakste ich im John-Wayne-Gang Richtung Flur, wo mein großer Wandspiegel hing.

Beim Blick in den Spiegel blieb mir der Mund offen stehen. Eine bleiche Hanseatin mit tiefschwarzen Strümpfen, die angewidert schaute, blickte mir entgegen. Mehr farblicher Kontrast wäre nicht möglich gewesen. Zudem hörten die Dinger an der für mich unvorteilhaftesten Stelle auf, in der Mitte des Oberschenkels. Vom Gefühlszustand »supersexy« fühlte ich mich meilenweit entfernt.

Da stand ich nun und konnte bei meinem Anblick im Spiegel nur lachen und eins denken: »Is' was mit Oma?« Denn so sah ich auf einmal aus: wie eine verwirrte und verirrte Version von mir.

Das war das erste und letzte Mal, dass ich halterlose Strümpfe trug. Ich beschloss, mich lieber auf mein Dekolleté zu konzentrieren, das sitzt für Anfang 60 noch erstaunlich gut. Auch wenn es den Bleistifttest nicht mehr bestehen würde.

Falls Sie, die diese Zeilen gerade kopfschüttelnd lesen, immer noch die Beine der frühen Marika Rökk haben und sich in halterlosen Strümpfen oder Strapsen wohlig-weiblich fühlen, ist so ein

Set für Sie natürlich genau die richtige Unterwäsche, um selbstsicher zu Ihrem Flirt aufzubrechen. Erlaubt ist, was uns ein positives Körpergefühl verleiht, ob Sport- oder Spitzen-BH.

Flirten ist vor dem Kennenlernen

Falls Sie nach diesen Seiten noch immer denken: »Augenaufschlag, Körperspannung, Oberschenkel – nee, das ist nichts für mich«, dann sage ich: Werfen Sie Ihre Berührungsängste über Bord. Es lohnt sich. Jede und jeder kann flirten. Schließlich kann ja auch jede und jeder kochen. Die Frage ist nur: Kommt Spiegelei auf den Tisch oder Bœuf Bourguignon? Beides findet Abnehmer.

Erinnern wir uns an die Solo-Dates. Wenn Sie den einen oder anderen Ausflug in die Welt allein gemeistert haben, dann lässt sich hieraus spielend eine winzig kleine Steigerung entwickeln. Wenn Sie beispielsweise bereits allein in einem Café saßen und dabei in Ihrer Lieblingszeitschrift gelesen haben, dann könnten Sie dasselbe wieder tun – bloß diesmal mit dem Vorhaben, die Augen offen zu halten und womöglich Kontakte zu knüpfen. Nennen wir es einen »Café-Besuch für Fortgeschrittene«.

Dieser könnte wie folgt aussehen: Vielleicht verabschieden Sie sich von dem sympathisch aussehenden Herrn am Nebentisch, der die ganze Zeit über Doris Dörrie oder Ferdinand von Schirach gelesen hat, wenn Sie das Café verlassen. Eventuell wird genau dieser Herr in der Woche darauf wieder am selben Plätzchen sitzen, während Sie Ihre obligatorische Kaffeestunde machen.

Nicht jeder Flirt muss auf etwas hinauslaufen, es kann auch einfach nur Spaß machen, offen und kontaktfreudig durchs Leben zu gehen. Entscheidend ist, was Sie wollen.

Nennen wir den Gast vom Nebentisch mal Alfred und spinnen die Geschichte weiter. Beim vierten gleichzeitigen Besuch im Café sprechen Sie Alfred an, während er die Kuchenkarte studiert: »Den Apple Crumble kann ich übrigens sehr empfehlen.« Und daraufhin sagt Alfred so etwas wie: »Oh, vielen Dank für den netten Tipp!« Und weil Alfred weiß, dass er die Konversation jetzt am Laufen halten sollte – schließlich hat er sich ja die letzten drei Café-Besuche nicht zufällig konsequent den Tisch neben Ihrem Stammplatz ausgesucht –, fragt er: »Und welches Heißgetränk würden Sie dazu empfehlen?« Dann fachsimpeln Sie eine Weile über Espresso, Friesentee, heißen Ingwer oder worüber Sie eben wollen, und schon sind Sie im Gespräch.

Was immer hilft: Flirten Sie ohne Erwartungen. Nicht weil sich die meisten Herren der Schöpfung so schlecht anstellen, sondern weil diese Haltung ungemein entspannt.

Einen Tipp, der gezielt an die Männer geht, die hier mitlesen, muss ich loswerden: Bitte erzählen Sie nicht nur von sich, sondern stellen Sie der Frau auch Fragen. Manche Männer tun es vermutlich nicht aus Narzissmus oder bösem Willen, aber ich kann die Frauen nicht mehr zählen, die sich darüber beklagen, dass viele Männer hauptsächlich reden, anstatt auch mal zuzuhören. Bitte, liebe Herren, sorgen Sie dafür, dass Zuhören ab sofort eine geschlechterübergreifende Kernkompetenz wird.

»Trinken Sie noch Espresso, oder flirten Sie schon?«

Ihr Gesprächsthema darf so banal sein, wie es will. Mir ist einmal bei einem Dialog über Parkscheine warm geworden, weil mein Gegenüber mir dabei unverschämt tief in die Augen gesehen hat. Was eine Unterhaltung zu einem Flirt macht, ist der Unterton. Würden wir ein Buch lesen, würde man sagen: zwischen den Zeilen lesen. Dass geflirtet wird, merken wir am Lächeln, an den Blicken und der Zugewandtheit, die man einander zuteilwerden lässt.

An ihrer niedlichen Nervosität oder ihrer warmen Berührung. Jede und jeder reagiert anders, wenn das Gegenüber Begeisterung in ihm oder ihr weckt. Denken Sie an Dieter und seinen Kaktus.

Selbstverständlich ist bei der Begegnung mit unserem imaginären Alfred noch Luft nach oben. Lassen Sie uns die Drehzahl erhöhen, indem wir uns vorstellen, dass er Sie nach dem fünften gemeinsamen Espresso fragt, ob er Sie zu einem Abendessen einladen darf. »Immer nur Kuchen, davon wird man ja nicht satt«, würde Alfred schüchtern schmunzelnd sagen, sofern er ein kreativer Geist ist. Wenn Ihnen die Idee gefällt, könnten Sie leichtfüßig erwidern: »Aber nur, wenn Apple Crumble auf der Dessertkarte steht.«

Sie brauchen übrigens keine kalten Füße zu bekommen, sobald sich Ihr erstes offizielles Date anbahnt. Erstens, weil diesem Thema das nächste Kapitel gewidmet ist. Und zweitens, weil Ihr Gegenüber vermutlich nicht James Bond ist und deshalb im selben Boot wie Sie sitzt. Auch ein Alfred wird positiv aufgeregt oder gar ein wenig angespannt sein, wenn er Ihnen seine Einladung unterbreitet.

Wenn Sie nicht gleich ins kalte Flirtwasser springen möchten, könnten Sie erst mal nur Handynummern austauschen. Am Telefon flirtet es sich nach langer Pause etwas einfacher als von Angesicht zu Angesicht.

Für die Extrovertierteren habe ich eine kleine Randnotiz: Natürlich müssen Sie nicht warten, bis Alfred den Mut aufbringt, Sie nach einem Abendessen zu fragen. Wenn Sie Lust haben, ein Treffen zu initiieren, tun Sie es. Für unnötige Warteschleifen sind wir wirklich zu alt.

Apple Crumble auf der Dessertkarte – das klingt in Ihren Ohren ja alles ganz süß, aber jetzt, wo Sie auf den Geschmack gekommen sind, würden Sie gerne mehr Gas geben? Kein Problem, dann sagt Ihnen eine Antwortvariante dieser Art eventuell mehr zu: »Na gut, aber nur, wenn wir uns am Ende einen Apple Crumble teilen.« Alfred könnte vor Freude erröten oder sich gleich schockverlieben.

Probieren Sie es aus, spielen Sie ein bisschen. Beim Flirten befinden Sie sich schließlich in einer wundervollen Blase der Unverbindlichkeit, und diese bietet Raum für Spiel, Spaß und Überraschung.

Worauf ich mit diesem Beispiel hinausmöchte: Sie sind diejenige, die Tempo und Intensität bestimmt. Sie wollen den Flirt mit Alfred zu Ihrem Meisterstück machen? Na, dann schmeißen Sie sich in Ihr kleines Schwarzes, werfen Sie im Gespräch die Haare zurück und schlagen kess die Beine übereinander. Im Eifer des Gefechts habe ich mal die zwei oberen Knöpfe meiner Bluse geöffnet. Der Herr, mit dem ich damals essen war, hat vielleicht Augen gemacht, als ich vom Frischmachen zurückkam!

Oder möchten Sie erst mal sehen, wohin ein Abend mit Alfred, oder wie die Person heißt, führen kann? In diesem Fall lassen Sie Ihr kleines Schwarzes im Schrank und werfen nicht gleich alles in die Waagschale.

Welches Tempo auch immer: Wenn ein Flirt gut läuft, tritt etwas ein, das ich den »Prickel-Effekt« nenne. Ihr Herz pocht dann garantiert ein bisschen schneller, Ihnen wird warm – nicht wegen der Wechseljahre, sondern wegen Alfreds charmanter Art –, und das positive Kopfkino beginnt. Sie fangen an, sich vorzustellen, ob Sie sich im Arm dieses Mannes wohlfühlen könnten, und hoffen, dass er das Küssen nicht verlernt hat. Ihr Körper signalisiert: »Hey, ich mag dich, und du hast meine volle Aufmerksamkeit.« Genau in diesem Moment wird Flirten zur schönsten Nebensache der Welt.

… und es hat Zoom gemacht

Klaus Lage hat es im Jahr 1984 besungen, und noch heute passiert es zwischen guten Freunden: Es fängt plötzlich an zu kribbeln, wenn man sich sieht oder zufällig berührt. Ist das noch der beste Freund oder schon der nächste Flirt? Obwohl man sich schon

Jahre oder vielleicht sogar Jahrzehnte kennt, die Partner der anderen Person hat kommen und gehen sehen und dabei nichts als freundschaftliche Gefühle hegte, ist da auf einmal eine *flirty* Atmosphäre. Laut einer Umfrage hegen etwa 25 Prozent der Männer mehr als nur freundschaftliche Gefühle für ihre gute Freundin. Bei den Frauen sind es umgekehrt 11 Prozent.[1]

Wird es wirklich kompliziert, wenn sich plötzlich etwas anbahnen könnte mit dem besten Freund oder einer guten alten Freundin? Ohne Psychologin oder Sexualtherapeutin à la Ruth Westheimer zu sein, kann ich sagen, dass die gänzlich unbeschwerte Atmosphäre in dieser Konstellation vermutlich nicht mehr lange gegeben sein wird. Schließlich hat man auf einmal etwas zu verlieren – einen guten Freund oder eine Freundin.

Wenn es bei Ihnen auf einmal Zoom macht, wenn Sie sich zum monatlichen Skat-Abend treffen, sollten Sie diese Gefühle nicht überbewerten, sondern erst mal prüfen, ob sie von Dauer sind. Wenn ja, sollten Sie nicht lange fackeln, sondern offen ansprechen, was gerade bei Ihnen los ist: »Du, in meinem Bauch kribbelt es auf einmal, wenn ich dich sehe.« Falls Ihr alter Freund das Gleiche empfindet, kann Ihr Flirt beginnen. Falls nicht, ist es trotzdem gut, dass Sie miteinander gesprochen haben, bevor es Missverständnisse gibt, die die Freundschaft wirklich gefährden könnten.

(K)einen Apple Crumble, bitte!

Doch was, wenn das Dinner meilenweit entfernt ist von Herzklopfen und dem Verlangen nach geöffneten Blusenknöpfen? Wenn etwa Ihre Stimme zittert oder brüchig klingt, weil Sie aufgeregt sind? Ich empfehle schonungslose Ehrlichkeit als Eisbrecher. Geben Sie einfach zu: »Weißt du was, Alfred, ich bin wahnsinnig aufgeregt. Mein letztes Date ist sechs Jahre her, und ich bin komplett aus der Übung.« Was meinen Sie, wie Alfred, der vielleicht seit Jahren Witwer ist, sich freut?

Oder angenommen, Sie waren etwas zu forsch für Alfred. Dann rudern Sie eben wieder zurück. Und wenn Alfred schlechte Tischmanieren hat? Oder ein bisschen zu aufdringlich ist? Oder gar gelangweilt scheint? Na ja, dann ist das eben so. Sie lernen sich ja gerade erst kennen. Es besteht leider das Risiko, dass Alfred doch nicht ganz das ist, was seine Lektüre im Café versprochen hat. Für diesen Fall würde ich dann auf den Apple Crumble verzichten und mir zu Hause selbst einen backen.

Crumble-Me-Time

Manchmal läuft es mit dem neuen Flirt vielleicht nicht ganz rund, Liebe geht aber trotzdem durch den Magen – auch die Selbstliebe. Für mein Apple-Crumble-Rezept benötigen Sie folgende Zutaten:

- Fett für das Kuchenblech (ca. 36 × 25 cm)
- Für die Füllung: 600 g Äpfel, zum Beispiel Cox Orange oder Boskoop
- Für den Streuselteig: 100 g Butter, 150 g Weizenmehl, 100 g Zucker, 1 Päckchen Vanillezucker, 1 Prise Salz, 1 Prise Zimt

Die Zubereitung: Zerlassen Sie für den Teig Butter oder Margarine. Fetten Sie die Form und heizen Sie den Ofen auf etwa 200 Grad Ober- und Unterhitze vor.

Als Nächstes bereiten Sie die Füllung vor. Schälen Sie dafür die Äpfel, dann achteln und in kleine Stücke schneiden.

Anschließend geht es an den Streuselteig: Vermischen Sie

Mehl in einer Rührschüssel mit den übrigen Zutaten. Geben Sie das Fett dazu und verarbeiten Sie die Masse mit dem Löffel oder den Händen zu Streuseln.

Geben Sie die Äpfel in die Form und verteilen Sie darauf die Streusel. Etwa 30 Minuten im unteren Drittel des Ofens backen.

Bevor Sie den Crumble genießen, kurz abkühlen lassen. Ich gebe am Schluss gerne noch ein wenig Zimt auf jede Portion.

Ich bin keine Statistikerin und nicht gut in Wahrscheinlichkeitsrechnung, aber ich weiß, dass das Leben meist nicht schwarz oder weiß ist, sondern irgendeine Nuance dazwischen. Es gibt viele Möglichkeiten, wie Ihr Flirt verlaufen könnte, die zwischen geöffneten Blusenknöpfen und schlechten Manieren angesiedelt sind.

Sagen wir, die Flirtstimmung zwischen Ihnen beiden kommt an diesem ersten gemeinsamen Abend langsam in Gang. Sie knüpfen an die Unterhaltung im Café an und unterhalten sich über Kuchenrezepte. Dann kommen Sie auf das neueste Buch von Ferdinand von Schirach zu sprechen, dann darauf, dass Ihre Enkelin Jura studiert und in Konstanz am Bodensee lebt. Schwups, erzählt Alfred von seiner letzten Fahrradtour am Tegernsee und Sie davon, dass Sie ja auch schon lange mal wieder das Rad aus dem Keller holen wollten. Und all das nur, um nach ein paar Stunden bei Wein, Wasser, gegrillten Austernpilzen und Linguine zu merken, dass die Zeit schon lange nicht mehr so angenehm schnell vergangen ist.

So ähnlich war es meiner Freundin Uta beim Spaziergang in der Heide auch ergangen. Während sie auf den großen Knall wartete, war der Nachmittag leise und kurzweilig an ihr vorbeigezogen. Erst auf meiner Couch wurde ihr plötzlich bewusst: »Und weißt du was, ich hab' die ganze Autofahrt nach Hause über laut die Songs im Radio mitgesungen. Hab' ich ewig nicht gemacht!« Uta und ich einigten uns am Ende des Tages und der Pralinenschachtel übrigens darauf, dass Dieter sehr wohl auf seine Weise mit ihr geflirtet hatte und sie sich bei ihm mit einer charmanten kleinen SMS melden würde.

Während ich mich für Uta freute, eröffnete sich mir ein Flirt ganz anderer Natur.

Mein Date mit dem Leben

Als ich Uta gebeten hatte, mein Online-Dating-Profil zu löschen, war ich zwar erleichtert, aber auch ein wenig enttäuscht von dem ganzen Unterfangen. Warum war denn niemand dabei gewesen, der nicht nur mich interessant gefunden hatte, sondern auch umgekehrt? Weshalb hatte sich alles so furchtbar unrund und gar nicht stimmig angefühlt?

Zwar heilt die Zeit nicht alle Wunden – zumindest sehe ich das so –, aber ein wenig Abstand eröffnet oft neue Perspektiven. Beim Nachdenken über meine Dating-Odyssee fiel es mir ein paar Wochen später wie Schuppen von den Augen: Ich war total verkrampft an die Sache herangegangen. Ich hatte alles richtig und bloß nichts verkehrt machen wollen. Vielleicht war es zu früh oder ich nur zur falschen Zeit am falschen Ort gewesen, schwer zu sagen. Erzwingen ließ sich eine neue Liebe jedenfalls nicht, das war mir wieder einmal im Leben bewusst geworden. Ist eine Tür verschlossen, hilft es nicht, daran zu zerren. Man verschwendet damit nur seine Energie. Meine wollte ich definitiv besser einsetzen.

Auch wenn ich beim Flirten erst mal leer ausgegangen war, hatte sich mir eine neue Welt eröffnet: die Dating-Welt der Ü60-Jährigen. Und ich war auf einmal mittendrin! Ob es die Gespräche mit meinen Single-Freundinnen waren, die Fülle an Online-Partnerbörsen, die das World Wide Web zu bieten hatte, oder die Partnervermittlungen, mit denen ich mich unterhalten hatte. All das zeigte mir: Ü60-Jährige sind meilenweit davon entfernt, alt zu sein. Und sie haben immer noch Lust auf Frühlingsgefühle.

Ich spürte, dass ich mich in dieser Welt wohlfühlte. Gleichermaßen wünschte ich mir, dass sich Frauen in meinem Alter seltener Sprüche à la »Was, Sie sind schon 60? Na, Prost Mahlzeit, dann wird es schwierig mit der Partnersuche« anhören müssen. Viel eher, so malte ich mir aus, sollten wir uns unbeschwerter durch unser Liebesleben bewegen können. Den »Richtigen« zu finden, war ja schon knifflig genug, dann sollte die Suche wenigstens so viel Freude wie möglich machen. Und so begann ich mit einer Idee zu liebäugeln. Könnte ich die Dating-Welt der Silversurfer ein bisschen besser machen, indem ich eine eigene Partnervermittlung gründete? Bei dem Gedanken fing es in meinem Bauch an zu kribbeln.

»Tiffy, ich hab's!«, rief ich. Meine Hündin stieg schwanzwedelnd aus ihrem Körbchen, als wäre sie von Frauchens fixer Idee begeistert.

Ich sprang vom Schreibtisch auf und fing an, durch die Wohnung zu tigern: Wie gründete man überhaupt eine Partnervermittlung? Wie viel Startkapital benötigte ich? Würde mir die Bank einen Kredit geben? Und: Konnte ich das überhaupt?

Ich dachte an Dubai und wie ich dort allein als junge Frau mit zwei Koffern angekommen war. Und an meine Chefin in der Safari-Lodge. »*Go, send Gabi, she'll do it*«, hatte sie immer gesagt, wenn es darum ging, mit den Menschen vor Ort oder den Gästen ins Gespräch zu kommen – *lasst das mal Gabi machen, die kriegt das hin.* Und so war es. Weil ich eine fantastische Menschenkenntnis und die nötige Empathie hatte. Zudem war ich bestens vernetzt, kannte Hinz und Kunz. Genau diese Eigenschaften bräuchte es doch als Partnervermittlerin!

Tiffy tigerte während meines inneren Monologs neben mir her.

»Die anderen kochen doch auch nur mit Wasser«, murmelte ich schließlich vor mich hin.

Tiffy schaute erwartungsvoll zu mir hoch. Durch meinen Körper floss eine Energie, die ich lange nicht mehr gespürt hatte.

Ich ließ die Idee erst mal sacken. Meine Partnervermittlung und meine Beratung müssten ganz persönlich und individuell laufen, anders als bei den großen Agenturen. Vielleicht könnte ich ein schickes kleines Büro in der Hamburger Innenstadt mieten, in dem ich meine Kandidatinnen und Kandidaten empfangen könnte? Dann müssten wir uns nicht in wuseligen Hotellobbys treffen. Mein Kopfkino beflügelte mich, ich hatte sogar einen freundlicheren Gesichtsausdruck, fand ich, wenn ich mich zufällig in einem Schaufenster spiegelte. Tschüss, Frust-Gabi, und hallo, Lebenslust-Gabi! Das fühlte sich fast wie Flirten an.

Wenige Wochen später bat ich ein paar ausgewählte Freunde und Bekannte um ihre Einschätzung. Mir stieß bei meiner kleinen Umfrage Begeisterung entgegen: »So wie du das aufziehen willst, klingt es nach einer Marktlücke, Gabi«, »Das wäre ja genau dein Ding« oder »Spitze, dann schicke ich direkt meine Mutter zu dir!« Sogar Uta, die zwischenzeitlich via SMS, Telefon und von Angesicht zu Angesicht mit Dieter flirtete, dass mir die Ohren schlackerten, kündigte an: »Wenn es mit Dieter nichts wird, melde ich mich bei dir an!«

Für mich gab es jetzt kein Halten mehr. Ich vereinbarte einen Termin bei meiner Bank, begann einen Businessplan zu schreiben und fühlte mich unschlagbar. War es Zufall, dass in Hamburg auf einmal jeden Tag die Sonne schien?

»Und wenn die Welle mich zu überrollen droht?
Dann lerne ich eben Surfen.«

Gabriele Pochhammer

Mein erstes Date
Oder: Warum fühle ich mich wieder wie 20?

Jetzt wird's ernst. Während ein Flirt zufällig oder beiläufig entsteht, ist ein Date ein Bekenntnis. Zwei Menschen, die Ja sagen zu einem gemeinsamen Treffen und damit Ja zueinander – zumindest für ein paar Stunden. Da darf einem schon mal kurzzeitig das Herz in die Hose rutschen.
Café oder Kino, Spaziergang oder Segeltörn? Was zieht man da eigentlich an? Und wohin mit all den nervösen Schmetterlingen im Bauch?

»Wenn ich mich morgen um fünf mit Uli Petersen in der Innenstadt treffe, schaffe ich es dann bis halb acht in das neue Restaurant am Hafen? Zu spät darf es da aber nicht werden …« Ich dachte laut und merkte, dass Uta mich erstaunt ansah. »Na, übermorgen Vormittag bin ich doch mit Christoph verabredet, da will ich ausgeschlafen sein«, fuhr ich fort.

»Wie, was? Wo kommen denn die ganzen Dates auf einmal her, Gabi?«

Utas Lebenswelt bestand derzeit hauptsächlich aus romantischen Treffen. Sie hatte in der Zwischenzeit locker zehn Dates mit Dieter gehabt und schwebte auf Wolke sieben. Nach dem ersten Spaziergang waren sie zusammen wandern gegangen, dann hatte er sie auf diverse Heißgetränke und Abendessen eingeladen, und am Wochenende wollten sie nun gemeinsam ein Theaterstück ihrer Lieblingsregisseurin ansehen.

»Ach, du wieder! Das sind doch keine Dates«, rief ich. »Das sind Termine. Wegen der Gründung.«

Herr Petersen war von der Bank, das Abendessen ein Business-Dinner und Christoph der Inhaber einer Marketingagentur, der angeboten hatte, die Website für meine Partnervermittlung zu bauen.

»Weiß ich doch, Gabi, ich mach doch nur Spaß«, entgegnete Uta.

Ich hatte meine Freundin lange nicht so unbeschwert und fröhlich erlebt. »Wenn du so weitermachst, kannst du direkt Bürgermeisterin von Hamburg werden«, machte sie unbeirrt euphorisch weiter.

»Du bist ganz schön gut gelaunt. Und das finde ich fantastisch«, sagte ich.

Uta grinste verschmitzt. »Das geht auf Dieters Konto.«

Man hätte annehmen können, dass auch ich mir einen Dieter an die Seite wünschte, doch so war es nicht. In meinem Alltag jagte jetzt ein Business-Date das nächste, und jeder weitere Schritt auf dem Weg zu meiner eigenen Partnervermittlung erfüllte mich mehr als die Vorstellung von einem neuen Mann in meinem Leben.

Ich engagierte die Agentur, suchte Schriften für meine Website aus, buchte einen Fotografen für die Porträtfotos und tat in meinem Netzwerk kund, was ich vorhatte – ein bisschen Werbung vorab konnte schließlich nicht schaden. Meinen Büroplatz in einem Co-Working-Space in der Hamburger Innenstadt suchte ich so aus, dass meine zukünftigen Kandidatinnen und Kandidaten freien Blick auf die Elbphilharmonie hätten. Während ich plante, organisierte und werkelte, war der Marketingagentur nebenbei ein wunderbarer Name für meine Partnervermittlung eingefallen: Hammer & Herz. Meine Güte, war das alles aufregend!

Ein besonderes Augenmerk legte ich auf das Herzstück meiner Arbeit als Amors Gehilfin: den Fragebogen für die Kandidatinnen und Kandidaten. Ein Schriftstück aus etwa 70 Fragen, die ich beim persönlichen Kennenlernen mit jedem, der die Liebe suchte, durchgehen würde. Der beste Matching-Algorithmus der Welt ist menschliche Intuition. Und nach meinen zum Teil katastrophalen Erlebnissen bei der Partnersuche wusste ich, dass die Antworten meiner zukünftigen Kandidatinnen und Kandidaten so viel Aufschluss wie möglich geben müssten: Wie verbrachte die Person ihre Freizeit, war sie noch berufstätig, welches war ihre Lieblingsfarbe? Mochte sie Tiere, hatte sie Kinder? Ich hatte die wichtigsten Fragen zusammen mit einem Coach und einer Soziologin entwickelt. Wir mischten auch scheinbar leichtfüßige Fragen unter, die aber sehr viel aussagten. Zum Beispiel: »Mit welcher Person Ihrer Wahl würden Sie gerne mal frühstücken gehen?« Es macht einen Unterschied, ob die Person ihren Marmeladentoast mit Howard Carpendale oder Tom Cruise teilen würde, oder mit Angela Merkel oder Claudia Obert. Je nachdem, welcher Name fällt, verrät dies so einiges über die Themen, die einen umtreiben, und über die Art von Menschen, die man interessant findet. Ans Eingemachte müsste ich mit meinen Fragen aber auch gehen, um die Partnersuche so passgenau wie möglich gestalten zu können: »Schnarchen Sie?«, »Wie viel Sexualität wünschen Sie sich in einer Beziehung noch?«, »Kommt eine gemeinsame Wohnung für Sie infrage?« Mein Fragebogen deckte alle Lebensbereiche ab – außer der politischen Orientierung. Diese Frage wird ja mittlerweile heißer diskutiert als jede romantische oder sexuelle Vorliebe. Diese dürfen meine Leute dann gern unter sich klären.

Ich glaube, Max hätte meinen Gründungsmut toll gefunden.

Allerdings hätte er mir auch schon früh mit einer Exceltabelle gedroht. »Mein Liebling, weißt du eigentlich, was das alles kostet?« So etwas in der Art hätte er gesagt, dann seine Lesebrille aufgesetzt und angefangen, konzentriert zu rechnen. »Ach, Mäxchen«, hätte ich erwidert – und ihn machen lassen. Doch ich hatte meine Hausaufgaben gemacht, auch ohne Exceltabelle. Mir genügte es zu wissen, dass Hamburg eine Single-Hauptstadt war. Selbst wenn es bereits die eine oder andere Agentur vor Ort gab: Konkurrenz belebte bekanntlich das Geschäft.

Es waren noch knapp zwei Wochen bis zu meiner Eröffnung, als die Fotos, die der Fotograf von mir gemacht hatte, in meinem E-Mail-Postfach eingingen. Eröffnung, das hieß in meinem Fall die Live-Schaltung meiner Website und die Veröffentlichung meiner ersten Anzeige in einem Hamburger Stadtmagazin mit großer Auflage. Das Magazin war bereits im Druck, der Countdown lief also, es durfte nichts schiefgehen.

Kennen Sie das? Sie arbeiten monatelang auf etwas hin und sind so im Trott, dass Sie perfekt funktionieren, darüber aber die ganze Vorfreude vergessen? So ging es mir. Als ich die Dateien des Fotografen öffnete, musste ich zweimal hinsehen. War das wirklich ich oder doch eher meine Großmutter? Verstehen Sie mich nicht falsch, Gott hab sie selig, aber auf den Bildern sah ich blass und trutschig aus. Diese Ausstrahlung passte weder zu mir noch zu den jung gebliebenen Ü50-Jährigen, die mir ihr Vertrauen schenken sollten. »Das darf doch nicht wahr sein!«, rief ich, obwohl außer mir und Tiffy niemand in der Wohnung war. Ich war sauer und enttäuscht.

Ohne Fotos keine Website und ohne Website weder Hammer noch Herz. Und dann würden die Kontaktangaben in der Anzeige im Stadtmagazin ins Leere laufen. Mist! Bei der Auswahl des Fotografen hatte ich mich auf die Empfehlung eines befreundeten Unternehmers verlassen, obwohl ich kein gutes Bauchgefühl gehabt hatte. »Hast du's noch nicht gelernt, Gabi?«, murmelte ich vor mich hin.

Ich konnte mich mein Leben lang auf meine Intuition verlassen. Also, warum tat ich es nicht konsequent?

Beleidigt mit mir selbst, setzte ich mich an meinen Laptop, scrollte durch Seiten von Fotografinnen und Fotografen aus Hamburg – und hatte in einer halben Stunde einen Ersatz. So war ich eben, ein Bauchmensch, ein Stehaufmännchen und eine Frau, die einfach macht. Diese Kuh hatte ich vom Eis geholt.

Trotzdem fühlte sich die Vorbereitung auf die Eröffnung meines ersten kleinen Unternehmens manchmal wie eine Welle an, die mich zu überrollen drohte.

Und wenn schon, dachte ich. Dann kaufst du dir eben ein Surfbrett. Und das tat ich, zumindest bildlich gesprochen. In manchen Situationen zog es mir das Brett unter den Füßen weg, aber immer stieg ich wieder auf. In diesen Zeiten dachte ich oft an Pippi Langstrumpf: »Das haben wir noch nie probiert, also geht es sicher gut« – ihre hoffnungsfrohe Aussage half mir das eine oder andere Mal beim Einschlafen.

In dem Moment, als die Website von Hammer & Herz im Herbst 2021 online ging, realisierte ich, worauf ich die ganze Zeit hingearbeitet hatte: Das war mein bislang aufregendstes Date – und zwar mit dem Leben. Meinem neuen Leben als Partnervermittlerin. Ich fühlte mich so lebendig wie lange nicht mehr! Von hier ab würde alles wie von selbst laufen, dachte ich.

Pustekuchen! Nachdem mich bereits unzählige Frauen kontaktiert hatten, erreichte mich nach einer Weile endlich der Anruf eines Mannes. Er hatte meine Anzeige für die Partnervermittlung in dem Stadtmagazin gesehen und fand, dass das alles sehr gut klinge – »Persönliche Beratung, keine Algorithmen, echte Begegnungen«. Ich fand es wunderbar, dass die Frauen Ü50 so tatkräftig waren, aber ganz ohne Männer ging es schließlich auch nicht. Nach ein wenig Smalltalk, der Herr machte einen sympathischen Eindruck, bat ich ihn, mir etwas von sich zu erzählen.

»Also, mir geht es hauptsächlich um die Füße«, sagte er mit etwas unsicher klingender Stimme.

Wieso Füße? Ein paar Sekunden lang herrschte auf beiden Seiten der Telefonleitung Schweigen. Dann sagte er noch mal: »Ja, also, genau, Füße. Die haben es mir angetan.«

Ich verstand. Jedem Tierchen sein Pläsierchen – dieses lag aber außerhalb meines Zuständigkeitsbereichs. Jetzt konnte ich unter Beweis stellen, dass Kommunikation zu meinen Stärken gehörte.

»Sie meinen, dass Ihnen schöne Füße, sagen wir mal, besonders große Lust verschaffen. Verstehe ich Sie richtig?«

Am anderen Ende war ein erleichtertes »Genau richtig, Frau Pochhammer« zu hören.

Ach herrje, mein erster männlicher Anrufer hatte definitiv etwas in den falschen Hals gekriegt. Ich wies den Herrn hart, aber herzlich darauf hin, dass bei Hammer & Herz nicht nach Fetischen vermittelt wurde, was er gefasst aufnahm. Wir plauderten noch eine Weile über Gott und die Welt – nicht über Füße. Am Ende bedankte er sich dafür, dass ich ihn so empathisch auf das Missverständnis hingewiesen hatte.

Ich war stolz. Auch wenn diese Anekdote lustig anmutet, war ich nach dem Telefonat glücklich darüber, dass ich so offen und professionell reagiert hatte. Meine Jahre auf der Safari-Lodge hatten mich nicht nur im Umgang mit Nashörnern geschult, sie waren mir auch eine sehr gute Menschenschule gewesen.

Das erste Kennenlerngespräch in meinem Büro mit Elphi-Blick lief ähnlich aufschlussreich. Eine sympathische Frau Ende 50 saß mir gegenüber, schickes Kostüm, dickes blondes Haar, angenehm warme Stimme.

»Wissen Sie, Frau Pochhammer, ich brauche keinen Mann.«

Ich wusste sofort, worauf die Dame hinauswollte. Sie führte erfolgreich ein Unternehmen, hatte eine erwachsene Tochter aus erster Ehe, war eingebettet in einen stabilen Freundeskreis, spielte leidenschaftlich gern Tennis – sie brauchte definitiv keinen Ernährer. Sie wünschte sich aber die sprichwörtliche Kirsche auf der Torte. Diese Art Zugabe, die zu einem schönen Leben noch ein bisschen mehr Schönes hinzufügt. »Und weil das die meisten Männer, die ich in den vergangenen Jahren kennengelernt habe, eingeschüchtert hat«, fuhr sie fort, »sitze ich heute bei Ihnen.«

»Mission angenommen«, antwortete ich.

Kandidatinnen und Kandidaten nahm ich zunächst kostenfrei in meine Kartei auf, so hatte ich es in meinem Businessplan kalkuliert. Denn mein Stamm an Liebeswilligen musste erst mal aufgebaut werden, bevor ich erfolgreich vermitteln konnte.

Weil wir zum Ende des Jahres 2021 noch in der Pandemie steckten, konnte ich nicht persönlich Werbung für mein kleines Liebes-Start-up machen. Also schaltete ich weiter regelmäßig Anzeigen. Bis eines Tages eine Journalistin von einer großen deutschen Wochenzeitung bei mir anrief. Sie habe von meiner Partnervermittlung gehört und wolle ein Porträt über mich schreiben. Ein Interview, wow! Ohne zu zögern, sagte Bauch-Gabi zu – und lag damit goldrichtig.

Nach der Veröffentlichung im Frühjahr 2022, in der ich über den Verlust von Max und meine erste Neugründung als knapp 60-Jährige sprach, meldeten sich weitere Zeitungs-, Radio- und Fernsehredaktionen bei mir. »Ü60-Jährige gründet Dating-Start-up«, »Das Leben ist zu kurz zum Alleinsein«, »Not too old« – alle paar Tage erschien ein neuer Artikel oder ein Beitrag über mich. Auch in Podcasts durfte ich zu Gast sein und darüber sprechen, dass die Gesellschaft in uns Silversurfern eine ganze Generation hat, die noch Lust auf ein erfülltes Liebesleben hat. Ich fühlte mich erneut wie eine Wellenreiterin, mit dem Unterschied, dass ich diesmal etwas stabiler auf dem Surfbrett stand als beim ersten Mal.

Eines der Interviews hatte besondere Auswirkungen: Wie der Zufall es wollte, passte meine Lebensgeschichte thematisch sehr gut zur Buchveröffentlichung einer berühmten Moderatorin und Journalistin. Während sie im Studio, in der ein bekanntes Talk-Format gedreht wurde, zu Gast war, lief am Ende der Sendung ein Einspieler über Hammer & Herz und mich. Ich schaute mir den Beitrag zu Hause gemeinsam mit Uta an. Wir hatten geplant, danach feierlich anzustoßen und dann zu unserem Lieblings-Italiener um die Ecke auf einen gegrillten Fisch zu gehen. Noch bevor der Beitrag zu Ende und die Abmoderation gesprochen war, klingelte mein Geschäftshandy.

»Ja, Hammer & Herz, Pochhammer, guten Tag?«

»Frau Pochhammer, gut, dass ich Sie gleich erreiche, ich sehe Sie gerade hier im Fernsehen«, sagte eine aufgeregt klingende Frauenstimme. »Und Sie sprechen mir wirklich aus der Seele! Online-Dating, das ist auch nichts für mich, aber ich würde mich so gerne noch mal verlieben.«

Mein Bauchgefühl hatte mich also wieder mal nicht getäuscht, es gab Frauen, denen es genau so ging wie mir.

Mein Essen mit Uta musste ich verschieben. An diesem Abend pingte mein E-Mail-Postfach im Minutentakt, und mein Handy läutete ohne Unterlass. Ich war glücklich, gerührt und dankbar. Quasi über Nacht war ich die berühmteste Partnervermittlerin Deutschlands geworden.

Alte Hasen auf neuem Terrain

Seitdem besuchen mich Menschen zwischen Anfang 50 und Mitte 80, die ihre große Liebe bereits hinter sich haben oder es noch mal wissen wollen. Das offizielle erste Date spielt bei all meinen Kandidatinnen und Kandidaten eine große Rolle – altersunabhängig. Da war etwa eine 76 Jahre alte Professorin im Ruhestand, die ihr Leben lang ganze Studentenhorden in den Griff bekommen hatte, beim Gedanken an ihr erstes Date seit 16 Jahren aber plötzlich weiche Knie bekam. Oder ein ehemaliger Kapitän, der es gewohnt war, Herr der Lage zu sein, egal wie stürmisch die See, und sein erstes Date immer wieder hinauszögerte, weil er so nervös war. »Ich fühle mich gerade wie ein 15-jähriger Schuljunge«, verriet er mir.

Warum fühlen wir uns auf einmal wieder wie junge Hüpfer, wenn es ums Suchen und Finden der Liebe geht? Weil wir es können, lautet meine Antwort darauf. Passende Studien dazu gibt es auch: Die 75-Jährigen von heute seien körperlich und geistig fitter als Gleichaltrige vor 20 Jahren. Zufriedenheit und Wohlbefinden stiegen nach einer als eher mäßig wahrgenommenen Lebensmitte wieder an, so die Neurobiologie.[1] Wenn Sie sich vor einem ersten Date also wieder wie 20 fühlen, sind Sie schon mal in guter Gesellschaft.

Das erste Date von Catherine Zeta-Jones und Michael Douglas soll Schauspielkollege Antonio Banderas initiiert haben. Damit kann ich leider nicht dienen. Dafür kann ich Ihnen ein paar Einblicke in meine Arbeit gewähren. Natürlich hat die Privatsphäre meiner Kandidatinnen und Kandidaten Priorität. Ein bisschen aus dem anonymen Nähkästchen plaudern darf ich an dieser Stelle trotzdem.

Sobald ich das Gefühl habe, dass zwei Menschen zueinanderpassen könnten, bekommen sie Post von mir. Die Frau kriegt drei aussagekräftige Fotos des Mannes inklusive einer kurzen Vita geschickt, dasselbe auf der anderen Seite. Signalisieren mir beide, dass sie den anderen kontaktieren möchten, gebe ich die Telefonnummern weiter. Für die meisten ist das ein spannender Moment in der Beziehungsfindung. Und zugleich ein unverfänglicher, denn hinter einem Handy und in den eigenen vier Wänden kann man sich gut verstecken. Deshalb wundert es mich nicht, dass ich vor einem ersten Telefonat noch nie nervöse Anrufe meiner Leute bekommen habe, vor dem ersten realen Treffen aber schon. »Frau Pochhammer, wo gehen wir am besten hin? Was zieht man da an? Und warum bin ich so nervös?«

Kino, Café oder Kletterhalle?

Ich habe mich Ihnen ja schon offenbart: Ich bin nicht Jane Fonda und werde es auch (leider) niemals sein. Weil mir Sport keinen Spaß macht und ich finde, dass ich zu alt dafür bin, keinen Spaß zu haben. Mit Spaziergängen allerdings kann ich leben, meine Hündin trainiert mich darin seit Jahren. Vielleicht werden Sie jetzt sagen: »Ein Spaziergang ist doch nichts für ein erstes Date.« Dann entgegne ich: Doch, und zwar genau dann, wenn Sie sehr nervös sind und Ihr Herz schon beim ersten Telefonat mit dem potenziellen Partner wie wild gepumpt hat. Leichtes Gehen entspannt Muskeln und Nerven, der Blutdruck und das Stresslevel sinken.[2]

Ein erstes Date dieser Art kann aber noch mehr Vorteile haben. Bevor Sie in die Versuchung geraten, an Ihren Fingern herumzuknibbeln, können Sie die Hände in die Jackentasche stecken, ohne dass es unhöflich wirkt. Und mit dem Bein hektisch kippeln geht beim Spazierengehen auch nicht – eine Win-win-Situation für aufgeregte Geister. Falls Ihnen Blickkontakt eher schwerfällt, spielt Ihnen das Nebeneinanderhergehen in die Karten, und auch Gesprächspausen fühlen sich weniger unangenehm an, denn Sie haben ja etwas zu tun – gehen, gucken und im besten Fall die Schönheit der Natur bewundern. Im Idealfall vergessen Sie nach einer Weile die Zeit und Ihre Nervosität.

Mein Bestreben ist es generell, Sie fröhlich zu stimmen und Ihnen Lust auf Begegnungen zu machen. Aber es nützt ja nichts, wenn wir so tun, als müsste oder würde die Chemie bei jedem ersten Date stimmen. Ist das nicht der Fall, hat der Spaziergang einen weiteren Vorteil: Sie können Ihr Date zügig beenden, ohne lange auf den Kellner oder den letzten Akt einer Theatervorstellung warten zu müssen.

Ein Restaurantbesuch als erstes Date ist vor allem etwas für Genussmenschen und solche, die bereits beim Vorgeplänkel mit ihrem

Gegenüber das Gefühl hatten, dass sie sich auch über mehrere Stunden miteinander wohlfühlen könnten.

Bleibt die Frage, ob neues Terrain oder Altbekanntes besser passt. Menschen, die sich ohnehin sicher und neugierig durch die Welt bewegen, werden keine Gedanken an einen unbekannten Anfahrtsweg mit dem Auto oder dem Bus verschwenden und sich auch in einer neuen Umgebung wohlfühlen. Falls Sie diese Vorstellung schon beim Lesen als Stressfaktor empfinden, schlagen Sie am besten eines Ihrer Lieblingsrestaurants als Treffpunkt vor. Dort kennen Sie die Wirtin, wissen, wie der Hauswein schmeckt und wie viel die Semmelknödel oder das Cordon bleu kosten. Eine vertraute Atmosphäre schafft im Kopf Raum für Wichtigeres – Ihre hoffentlich angenehme Begleitung.

Gretchenfrage 3.0

Und wer bezahlt den ganzen Spaß am Ende? Eine Gretchenfrage, auf die ich keine eindeutige Antwort habe. Eine meiner Kandidatinnen fühlt sich übervorteilt, wenn der Mann sie automatisch zum Essen einlädt. Ich hingegen empfinde es als Wertschätzung, wenn er beim ersten Date die Rechnung begleichen möchte. Nicht weil ich die 17,50 Euro sparen will, sondern weil ich die Einladung eines sympathischen Menschen genieße. Wenn das wiederum jetzt Utas Tochter Clara mit Ende 20 hören würde, würde sie »Anti-Feminismus!« rufen. Tja, und ich als 1960 geborene Frau würde die Welt nicht mehr verstehen.

Deshalb, so hoffe ich, verstehen Sie mich, wenn ich in diesem Punkt keine Empfehlung ausspreche, sondern augenzwinkernd sage: Entweder bezahlt der Mann oder Sie – Hauptsache, irgendeiner bezahlt. Nicht dass später Klagen kommen.

Ich habe eine Bekannte, die eine sehr gute Köchin ist. Coq au Vin ist für sie ein Kinderspiel, das Rezept für Zürcher Geschnetzeltes kennt sie im Schlaf. Weil ihr ihre eigene Küche so mundet, geht sie nicht mehr so gerne in Restaurants. Völlig in Ordnung, wenn es um ein Essen mit Freunden geht. Für das erste Date würde ich selbst bei großer Sympathie empfehlen: Auch wenn Sie noch so gerne und noch so gut kochen, bitte laden Sie ihn oder sie nicht direkt zu sich nach Hause ein. Nicht weil ich Sorge habe, dass der Abend in einem anderen Zimmer als dem Esszimmer enden könnte, sondern weil ein Zuhause etwas sehr Privates und Persönliches ist. Im Flur stehen Fotos von Ihren Enkeln, im Bad Ihr Parfüm und auf dem Sekretär liegt die Rechnung für die Autoreparatur. Und womöglich stehen noch Schuhe Ihres verstorbenen Mannes im Schuhschrank, weil Sie sich bisher nicht davon trennen konnten. Bewahren Sie sich diese Einblicke für einen späteren Zeitpunkt auf, zu viel Privates kann entzaubern, einschüchtern, falsche Signale senden. Oder um es mit den Worten von François de La Rochefoucauld zu sagen: »Was man aus Vernunft begehrt, begehrt man nie heiß.«

Ein neutraler Ort richtet den Fokus auf das Kennenlernen. Außerdem ist es doch spannend, wenn Sie sich während Ihres Dates gedanklich weitertreiben lassen und sich fragen, ob Ihr charmantes Gegenüber wohl einen ähnlichen Einrichtungsgeschmack wie Sie hat oder ob Sie sich in seiner Wohnung oder seinem Haus wohlfühlen würden. Alles Anzeichen dafür, dass Sie eine gute Zeit haben, ohne sich oder den anderen mit zu vielen Eindrücken zu überfordern.

Die meisten meiner Kandidatinnen und Kandidaten bei Hammer & Herz wählen übrigens ein Restaurant als Ort für das erste Date. Ähnlich beliebt sind Cafés. Mein Eindruck deckt sich mit einer Umfrage unter Singles aller Altersklassen: 75 Prozent der Frauen und 77 Prozent der Männer würden ihr erstes Date bevorzugt in einem Restaurant abhalten, 77 Prozent der Frauen und 66 Prozent der Männer in einem Café.[3]

Cafés haben wir bereits als sehr gute Umschlagplätze für erste Flirtmomente identifiziert, doch sie taugen auch für ein offizielles Date. Besonders Spontanen und Unentschlossenen dient eine Cafébar als ideale Location. Denn Sie haben, anders als im Restaurant, die Wahl: Sie können nach dem ersten Heißgetränk entweder Kuchen ordern oder die Rechnung verlangen und den Rückzug antreten.

Ein passender Ort für Menschen, die lieber beobachten als ununterbrochen mit Worten zu kommunizieren, ist ein Museum. Das weiß ich dank meinem kunstbegeisterten und eher ruhigen Freund Sven. Er hatte am Telefon mit seiner Online-Bekanntschaft Daniel bereits Schmetterlinge im Bauch bekommen. Als das erste Date anstand, entschied er, mit ihm ins Museum zu gehen. Ich fand sein Vorhaben interessant.

»Das könnte ein gutes Omen sein, mein Lieber«, sagte ich.

»Warum das?«

»Michelle und Barack Obama sollen ihr erstes Date auch in einem Kunstinstitut gehabt haben.«

Übrigens: Der ehemalige Präsident der USA und seine Frau Michelle sind die meistgenannten Personen, wenn ich meinen Kandidatinnen und Kandidaten die Frage nach ihrem Wunsch-Frühstücks-Date stelle. Ich kann das durchaus nachvollziehen, ein Treffen mit den Obamas stelle ich mir weltoffen und herzlich vor. Über meine Kandidatinnen und Kandidaten verrät mir das, dass sie ähnliche Werte vertreten.

Sven gefiel mein prominentes Beispiel: »Siehste!«

»In vielen Museen kannst du aber nur im Flüsterton reden«, insistierte ich. »Ich finde das ein bisschen ungünstig.«

Für eine laute und hochkommunikative Person wie mich wäre die Stille im Museum tatsächlich nichts, ich möchte meinem Gegenüber lieber tief in die Augen blicken und im angeregten Gespräch vom Hundertsten ins Tausendste kommen.

»Aber in einem Museum kann ich wunderbar gucken, ob der Mann denselben Kunstgeschmack wie ich hat. Ob er auf Details schaut. Oder ob er einfach achtlos durch die Ausstellung hastet«, sagte mein schlauer Freund.

Da war etwas dran, fand ich. Dennoch nicht vollends überzeugt, schlug ich vor, dass die beiden nach dem Ausstellungsbesuch unbedingt noch ins Museumscafé gehen sollten.

So haben sie es dann auch gemacht – und sich ein Stück Kuchen geteilt. Bei der Vorstellung kamen mir sofort Disneys Susi und Strolch in den Sinn. Romantisch, oder?

Der Besuch in der Kunsthalle war übrigens Svens letztes erstes Date – heute sind Daniel und er ein bis über beide Ohren verliebtes Paar.

Im Gegensatz zu den Klassikern rangieren Sport-Dates eher auf den hinteren Rängen. Zu Unrecht, wie ich finde. Einer meiner Kandidaten bei Hammer & Herz rief mich vor dem ersten Date mit einer Dame aus meiner Kartei an. Der Zufall hatte es gewollt, dass ich in diesem Fall zwei Menschen zusammengeführt hatte, die sich nicht ganz fremd waren. Vor ein paar Jahren waren sie sich als Ende-30-Jährige auf einem Workshop begegnet, weil sie in ähnlichen Berufen arbeiteten. Damals war die Frau glücklich verheiratet gewesen und der Mann in einer festen Beziehung. Mehr als ein paar höfliche Begegnungen am Kaffeeautomaten hatte ihnen das Leben zu jener Zeit nicht beschert. Trotzdem erinnerten sich beide noch gut an die flüchtigen Begegnungen, wie sie mir unabhängig voneinander verrieten. Dass sie sich nun »wiedergefunden« hatten, begeisterte die mittlerweile Anfang-60-Jährigen gleichermaßen.

Am Telefon ließ mich der Kandidat nun wissen, dass die Frau ihm in ihrem letzten Telefonat ausdrücklich die Auswahl der Location für ihr erstes Treffen am Samstag überlassen hatte. »Essen gehen ist doch langweilig, lass uns irgendwas Spannendes machen«, hatte sie aber gesagt. Und nun stand der Gute verständlicherweise etwas unter Zugzwang.

»Haben Sie schon geguckt, wie das Wetter am Wochenende werden soll?«, fragte ich. In Gedanken forstete ich bereits ganz Hamburg nach Ideen durch. In der Metropole gab es alles, von der urigen Kiezkneipe bis zur piekfeinen Rooftop-Bar mit Blick aufs Wasser. Zu laut durfte die Location nicht sein, gegenseitiges Anbrüllen war in unserem Alter nicht mehr en vogue. Zu leise aber auch nicht, sonst hätte man beim Reden keine Privatsphäre.

»Kletterhalle!«, brach es plötzlich aus meinem Kandidaten heraus. Seine Stimme überschlug sich fast vor Begeisterung. »Ich werde sie in die Kletterhalle einladen!«

»Ich muss zugeben, darauf wäre ich nie gekommen.«

»Sie haben mir trotzdem sehr geholfen, Frau Pochhammer.«

»Meine leichteste Übung«, entgegnete ich lachend.

Wenn es doch immer so einfach wäre, Menschen glücklich zu machen.

Meine Arbeit als Partnervermittlerin erweitert meinen Horizont stetig. Seit der Unterhaltung über das Date in der Kletterhalle weiß ich, dass Sport-Dates für unsere Altersklasse durchaus ein wunderbares Ambiente schaffen können. Das hat viele Gründe: Gemeinsam an sportliche Grenzen zu gehen, verbindet, und gerade ein Treffen in der Kletterhalle lässt spielend die eine oder andere Berührung zu. Oder Sie gehen aufs Ganze à la: »Wenn du fällst, fang ich dich auf.« Wobei: Nehmen Sie das bitte nicht wörtlich, wir fühlen uns vielleicht wie 20, unsere Knochen sind es aber definitiv nicht mehr.

Zudem schafft ein Date, bei dem wir uns körperlich betätigen, ob nun Minigolf, Mountainbiking oder Segeltörn, eine ungezwungene Atmosphäre. Auf diesem Nährboden kann das entstehen, was für die meisten der Schlüssel zur Anziehung ist: Humor. Ihr etwas zu energisch geschlagener Golfball hüpft über die Absperrung? Dem

Mann weht es vor lauter Wind die Kappe vom Kopf und Sie könnten platzen vor Situationskomik? Wunderbar! Lachen Sie, bis Sie sich den Bauch halten müssen und die Wangen glühen. Das ist ähnlich gesund wie Bewegung. Jane Fonda wäre sicher stolz auf Sie.

Wohin mit meiner Nervosität?

Vor das erste Date hat der Liebesgott die Nervosität gesetzt. Und zwar diese Art Nervosität vor dem angenehm aufregenden Bauchkribbeln und den Schmetterlingen, die dafür sorgt, dass einem flau im Magen wird. Wohin also mit diesem Gefühl oder der Sorge, etwas falsch zu machen? Ich kann Sie beruhigen.

Erstens: Laut Umfragen sind die größten Stimmungskiller beim Date mangelnde Körperhygiene, Humorlosigkeit, Unaufmerksamkeit und Unhöflichkeit dem Umfeld gegenüber, etwa dem Kellner – alles andere sind Peanuts. Duschen, lachen, zuhören und respektvoll mit anderen umzugehen sind vier Gebote, die Sie bestimmt spielend befolgen können, oder?

Zweitens: Erinnern Sie sich mal an Ihr 15-, 20- und 25-jähriges Ich. Zumindest bei einigen Frauen meiner Generation fühlte sich die Nervosität vor einem Date damals recht existenziell an. »Wäre der Kerl Heiratsmaterial? Könnte er der Vater meiner Kinder werden? Verdient er genügend Geld für uns beide?« All die Fragen, die sich Frauen in den 1960er- und 1970er-Jahren zum Teil gestellt haben oder stellen mussten, wenn es um die Partnerwahl ging. Ich verrate Ihnen kein Geheimnis, wenn ich sage, dass wir uns diese großen Fragen in der zweiten Lebenshälfte glücklicherweise nicht mehr stellen müssen. Hinzu kommt, dass wir spätestens nach der Menopause gelernt haben, vieles entspannter anzugehen. Diese Haltung hilft uns Silversurferinnen auch beim Dating. Hier geht es nicht um hopp oder top, nicht um den einzig wahren Lebensentwurf, sondern lediglich um eine potenzielle neue Bekanntschaft. Wenn diese Bekanntschaft zu Ihnen passt, darf sie bleiben und Ihren Alltag noch ein bisschen besser machen. Wenn nicht, haben Sie bereits ein schönes Leben, in das Sie zurückkehren.

Drittens: Ich würde Ihnen eines fast blind in die Hand versprechen. Ihr Dating-Partner wird mindestens genauso aufgeregt sein wie Sie.

Ich finde, diese Überlegungen helfen ungemein dabei, ein bisschen Druck aus der ganzen Sache herauszunehmen.

Entspannung lässt sich auch aktiv herbeiführen: Ich als Sportmuffel gebe es nur ungern zu, aber Pilates und Yoga können einen gedanklich wirklich ruhiger werden lassen. Und ein paar Tropfen beruhigende Bachblüten oder andere pflanzliche Mittel haben sogar schon aufgekratzte Zuchtpferde in meditative Stimmung versetzt. Und wenn das alles nichts hilft? Dann habe ich noch einen letzten Vorschlag gegen die Nervosität: Umarmen Sie dieses Gefühl. Sie sind hibbelig wie zuletzt vor dem Standesamt? Sie können nichts mehr essen, weil Ihnen beim Gedanken an diesen Mann ganz schwummrig wird? Okay, dann lassen Sie sich hineinfallen in dieses Gefühl. *Nothing is permanent*, das geht vorbei.

Pünktlichkeit ist – noch immer – eine Tugend

Gerade in der Online-Dating-Welt soll es vorkommen, so haben es mir Freundinnen aller Altersklassen erzählt, dass der Gegenpart zu spät oder gar nicht erscheint. Hierzu habe ich eine klare Haltung: Pünktlichkeit hat etwas mit Respekt zu tun. Falls man durch etwas Unvorhersehbares aufgehalten wird, kann man eine Nachricht schreiben, dass man sich leider verspätet. Wenn dies innerhalb von 15 Minuten nicht geschieht, harren Sie bitte nicht in der Hoffnung aus, dass Ihr Date doch noch auftaucht. Bestellen

Sie sich den Cappuccino einfach to go und bummeln Sie durch die Straßen, für eine spontan improvisierte Me-Time. Betrübt nach Hause schleichen wir jedenfalls nicht, nur weil der Gute oder die Gute nicht auftaucht. Krönchen richten, Heißgetränk genießen – morgen ist ein neuer Tag.

Dress to impress

Wenn Sie zu den Menschen gehören, für die Kleidung unwichtig ist, können Sie diesen Absatz überspringen, aber denken Sie daran: Für viele Menschen gilt nach wie vor, dass Kleider Leute machen. Ihr Kleidungsstil verrät etwas über Sie – seien Sie sich dessen bewusst. Daher lautet meine Devise für ein erstes Date *dress to impress*. Und damit meine ich nicht, dass Sie sich ins kleine Schwarze schmeißen müssen, wenn Sie sich auf einen Spaziergang treffen. Ich übersetze es an dieser Stelle ein bisschen freier: Kleiden Sie sich so, dass Sie erst sich selbst und dann Ihr Gegenüber vom Hocker hauen. Wenn Sie diesen Heckmeck schon machen, um jemanden kennenzulernen, dann doch bitte richtig. Dabei gilt selbstverständlich: immer dem Anlass entsprechend. Wenn »Mann« nicht gerade ein Date auf dem Mountainbike hat, sollte er bitte schön auch die Fahrradklammer am Hosenbein wegpacken. Und wenn »Frau« in ein uriges Wirtshaus eingeladen ist, würde sie im Chanel-Kostüm eventuell mehr auffallen, als ihr lieb ist. Zwar ist underdressed meist unangenehmer als overdressed, aber am besten ist es immer noch, wenn Sie mit Ihrer Kleidung den Ton treffen.

Ein guter Kleidungsstil liegt mir am Herzen. Ich persönlich fände es einen Jammer, in Jeans bei einer Theaterpremiere zu erscheinen. Für mich hat sich aufrüschen und schick machen etwas mit Selbstfürsorge und Selbstliebe zu tun. Mich müsste man also nicht zweimal darum bitten, mich für ein Date herauszuputzen.

Dann umarme ich meine Weiblichkeit, trage hohe Schuhe, mein Lieblingskleid und Make-up. Einfach weil es mir Freude bereitet. Wenn auch Sie Lust haben, ein bisschen Wind um Ihr Äußeres zu machen, könnte beispielsweise ein Friseurbesuch für ein gutes Gefühl sorgen. Frische Farbe, ein neuer Schnitt oder eine professionelle Fönfrisur haben schon so manchem Herbstlook Frühlingsflair verliehen.

Vielleicht finden Sie auch, dass Ihr anstehendes Date ein prima Anlass für einen Shoppingnachmittag in der Stadt darstellt. Hier kann der Blick von außen als Bereicherung dienen: Fragen Sie doch mal die Verkäuferin oder den Verkäufer, welches neue Teil sie oder er Ihnen für Ihr Date empfehlen würde. Nein sagen können Sie ja immer noch. Und mit ein bisschen Glück reißt Sie die Empfehlung aus Ihrem modischen Trott, und Sie fühlen sich in der neuen Klamotte unwiderstehlich.

Das Wichtigste dabei aber bleibt: Kleiden Sie sich so, dass Sie sich wohlfühlen. Verkleiden Sie sich nicht, sondern seien Sie Sie selbst. Und wenn es für Sie unbedingt die Jeans zur Theaterpremiere sein soll, na, dann lassen Sie mich reden und hören auf sich selbst!

Kuss oder kein Kuss?

»Wer von euch ohne Sünde ist, der werfe den ersten Stein (...).« Aber reden wir nicht weiter über die Bibel, lieber plaudere ich ein bisschen aus meinem Pochhammer'schen Nähkästchen. Eventuell gab es das eine oder andere erste Date in meinem Leben, bei dem der Mann und ich verstohlen oder ganz unverhohlen einen Kuss ausgetauscht haben. Das ist keine Schande, finde ich, allerdings ist es Jahrzehnte her. Als Anfang-60-jährige Singlefrau würde ich beim ersten Date Nein zu einem Kuss sagen, selbst wenn der Mann ihn forciert. Wir wollen die Spannung schließlich erst mal aufrechterhalten. Und falls bei Ihnen sexueller Notstand herrscht: Darum kann man sich als selbstbestimmte Frau schließlich auch ohne die Hilfe eines Mannes kümmern, wenn Sie verstehen.

Der zweite Blick nach dem ersten Date

Es gibt Fälle, in denen wir eine Person sehen und sofort spüren: Da ist einfach keine Chemie. Oder der verstorbene Mann ist noch zu präsent. Ich sage zu meinen Kandidatinnen und Kandidaten immer: »Es ist nie zu spät, nur zu früh kann es sein.« Etwa wenn der Kopf schon will, das Herz aber noch in der alten Beziehung festhängt oder trauert. Dann bin auch ich für ein Ende mit Schrecken statt den Schrecken ohne Ende. Scheuen Sie sich nicht davor, einem Fritz oder einer Frauke reinen Wein einzuschenken und klipp und klar zu sagen: »Ich danke dir für deine Zeit, aber das mit uns beiden wird nichts.« In meiner Partnervermittlung rate ich aber meistens zu einem zweiten Blick, oder wie ich gerne sage: »Setzen Sie die Lesebrille auf und schauen Sie noch mal genauer hin.« Beim ersten Treffen ist meistens viel Aufregung im Spiel, und man versucht sich in einem besonders guten Licht darzustellen. Oder man bekommt kaum einen Ton heraus, obwohl man sonst die Schlagfertigkeit in Person ist. Wenn Sie im Grunde Ihres Herzens denken: »Er oder sie war doch eigentlich ganz nett, auch wenn es kein perfektes Date war«, geben Sie sich einen Ruck und Ihrem Date-Partner oder Ihrer Date-Partnerin eine zweite Chance.

Einmal hatte ich einen Kandidaten in der Partnervermittlung gehabt, der mir nach dem Date mit einer Frau, die Swing- und Jazzmusik sehr mochte, sagte: »Swingmusik ist nicht mein Ding.«

Ich hakte nach: »Was hat Ihnen an der Frau denn nicht gefallen? Nur ihr Musikgeschmack?« Nach ein bisschen Herumdrucksen kam heraus, dass die Dame recht viel geredet habe. »Vielleicht war sie aufgeregt?«, stellte ich in den Raum. »Und vielleicht könnte Ihnen das auch passieren?«

Auch den umgekehrten Fall gibt es: Eine meiner Kandidatinnen beschwerte sich bei mir, dass sie beim Date kaum zu Wort gekommen sei. Den Mann fand sie ansonsten aber interessant und attraktiv. Ich riet ihr, ihn nicht gleich als Egomanen abzustempeln, sondern einen zweiten Aufschlag zu machen. Falls er beim nächsten Treffen wieder zum Monolog ansetzen würde, könnte sie ja freundlich, aber bestimmt einhaken: »Du hast viel von dir erzählt – jetzt würde ich auch mal gerne.« Solche ehrlichen Momente sorgen oftmals für eine Zäsur und manchmal sogar für einen Lacher. Danach kann es frisch weitergehen.

Beide, der Herr mit der Swing-Abneigung wie auch die Dame, die sich mehr Redeanteil gewünscht hatte, meldeten sich mit positiven Rückmeldungen nach Date Nummer zwei bei mir. Das eine »Pärchen« hege zwar lediglich freundschaftliche Gefühle füreinander, aber sei dafür sehr dankbar.

Der Blumenstrauß an möglichen Komplikationen ist bunt: Vielleicht sind wir Silversurferinnen und Silversurfer, was die enge Interaktion angeht, aus der Übung und deswegen ein bisschen schroff oder vorschnell in unserem Urteil? Auch von Altersstarrsinn haben wir sicher alle schon gehört, selbst wenn viele davon überzeugt sind, dass sie diese späte Sturheit niemals ereilt, sondern immer nur die anderen. Nun ja, das Sprichwort von der eigenen Haustür, vor der man kehren sollte, kommt sicher nicht von ungefähr. Ich verrate Ihnen kein Geheimnis, wenn ich sage: Generell hilft es, den anderen nicht vorschnell abzustempeln, sondern auch mal das eigene Verhalten zu hinterfragen. *Er* ist vermutlich nicht der Hecht im Karpfenteich, als den er sich präsentiert, und *sie* nicht die Prinzessin auf der Erbse. Bleiben Sie gnädig, bleiben Sie weich.

»Wir alle brauchen einen Ort,
an dem wir uns sicher fühlen.«

Emma Thompson

Die hängenden Gärten von ... Oder: Alternde Körper, tiefe Falten und das richtige Licht

»Budder bei die Fische«: Ein 60 Jahre alter Busen steht nicht mehr so wie mit 30. Sein bestes Stück aber auch nicht. Und es wäre ein Jammer, wenn wir uns davon aus der Ruhe bringen lassen würden. »Liebe deinen (alten) Körper«, das ist manchmal leichter gesagt als getan. Doch wenn wir es nicht mal versuchen, verpassen wir unter Umständen den Spaß unseres Lebens – mit anderen und uns selbst. Ihnen kommt gerade mindestens ein Aber in den Sinn? Kein Problem: Für solche Körperstellen und Momente, in denen Selbstliebe allein nicht genügt, gibt es Tricks. Winkearme, Cellulitis, schlaffe Pobacken: Herzlich willkommen in den hängenden Gärten! Sie müssen keinen grünen Daumen vorweisen, und der Eintritt ist frei. Ein Kapitel über Nacktheit, Lust und erste Male.

Kennen Sie viele Frauen, die mit ihrer Figur zufrieden sind? Egal ob sie Konfektionsgröße 34 oder 44 haben? Nein? Ich leider auch nicht. Selbst meine schlanksten und sportlichsten Freundinnen finden einen Makel nach dem anderen an sich. Bei mir ist es nicht anders. Schade eigentlich, denke ich manchmal. Unser Leben lang wurden uns Cremes dargeboten, die die Schwerkraft aufhalten sollten, man hat uns Pülverchen verkauft, die Pfunde purzeln lassen sollten, und uns geraten, sehr, sehr viel Mineralwasser zu trinken. Und jetzt? Sind wir Ende 50, Ende 60 oder Ende 70 und haben trotzdem den entsprechenden Körper zur Zahl. Manchmal blättere ich durch meine Lieblingsfrauenzeitschriften und sehe eine Empfehlung nach der anderen. Wie ich dünner, drahtiger und disziplinierter werde, oder wie ich gegen Krähenfüße und Krampfadern vorgehen soll. Natürlich möchte ich mich vital und schön in meinem Körper fühlen, und ich genieße es, zu meiner Friseurin zu gehen oder mich mit wohlduftenden Lotionen und Augencremes zu verwöhnen. Wenn aber aus Schönheitspflege Optimierungswahn wird, dann macht mir das keinen Spaß mehr.

Ab einem gewissen Alter machen sich unsere Oberarme unaufgefordert selbstständig, wenn wir jemandem winken. Und den Bleistifttest würden die meisten von uns auch nicht mehr bestehen. Das ist der Moment, in dem wir in den hängenden Gärten angekommen sind. Und weil wir da lebend sowieso nicht mehr rauskommen, können wir den Aufenthalt doch auch einfach genießen – oder es zumindest versuchen.

Um die Entstehungsgeschichte der hier zitierten »Gärten von Semiramis«, wahlweise auch »Die hängenden Gärten von Babylon«, ranken sich vermutlich ähnlich viele Mythen, wie Dellen unsere Oberschenkel zieren. Eine Version über die aufwendige Gartenanlage in der babylonischen Wüste berichtet von Königin Semiramis, die um 800 v. Chr. gelebt haben soll. Den üppig bepflanzten Garten aus sieben übereinanderliegenden Terrassen soll ihr Mann aus Liebe zu ihr errichtet haben. Weil der Garten von ausgesuchter Schönheit war, wurde er von allen bewundert. In einer anderen Version soll es ein anderer König, nämlich Nebukadnezar II., gewesen sein, der hier am Werk war. Er soll den Garten inmitten der babylonischen Wüste für seine Gattin errichtet haben, um ihr Heimweh nach ihrer persischen Heimat zu lindern. Letztere Variante hält die Wissenschaft zwar für wahrscheinlicher, allerdings gibt es wohl etliche Gründe, an der tatsächlichen Existenz der Gärten zu zweifeln. Mitte der 2010er-Jahre versuchte eine Forscherin der Universität Oxford zu belegen, dass es die Gärten sehr wohl gegeben habe, aber nicht in Babylon, sondern im mehrere Hundert Kilometer entfernten Ninive. Im Auftrag eines wieder anderen Königs, der seine Gattin damit beglücken wollte.

Wie dem auch sei, wir werden das Geheimnis um die hängenden Gärten ganz bestimmt nicht lüften, der Name darf für dieses Kapitel dennoch Pate stehen. Denn eine tröstliche Erkenntnis gibt es: Die hängenden Gärten zählten zu den sieben Weltwundern der Antike.

»Falten! Wieso Falten?«

Bestimmt ist es Ihnen aufgefallen: Mein augenzwinkernder Ton soll Sie anstiften zu Lockerheit und Selbstironie. Beides hilft ungemein, gerade wenn man alt und nackt ist, glauben Sie mir.

Während der Arbeit an diesem Buch fragte mich eine befreundete Journalistin, wie ich das Älterwerden fände und wie ich zu meinen Falten stünde. Sie recherchierte gerade etwas zu diesem Thema und wollte auch meine Meinung dazu abbilden.

»Wieso Falten? Ich falte dich gleich zusammen!«, sagte ich mit gespielter Empörung. Meine Freundin fing sofort lauthals an zu lachen. Sie kennt mich und meinen Humor mittlerweile ganz gut.

»Aber mal im Ernst, Gabi«, fuhr sie fort. »Denkst du, du bist gut im Älterwerden?«

Ich fühlte mich ertappt, hatte ich doch gehofft, sie würde es dabei bewenden lassen.

Ich musste überlegen: Tja, wie stand ich denn eigentlich zu diesen Falten, die sich über die Jahre in meinem Gesicht angesammelt hatten? Sie begleiteten mich schon eine Weile, trotzdem dachte ich nicht ununterbrochen über ihre Existenz nach. Wenn ich in den Spiegel sah, waren da einige Falten vom Grübeln, andere vom Lachen und wieder andere vom Ärgern. Ich mochte mein Gesicht wirklich gern. Schon immer. Noch immer. Und meinen Körper? Meine Oberarme waren meine Schwachstelle, so viel stand fest, und super Beine hatte ich ja noch nie. Denken Sie an mein Strumpfdebakel. Dafür konnte sich mein Dekolleté aber immer noch sehen lassen. Wenn ich meine dunkelrote Lieblingsbluse trug, kam es besonders schön zur Geltung.

»Ich glaube, ich mache das mal besser, mal schlechter«, antwortete ich schließlich. »Man kann die Zeit ja nicht zurückdrehen.«

Gerne hätte ich aus dem Stegreif völlig unbeschwert ein Loblied aufs Älterwerden gesungen, aber ganz so einfach war es nicht. Ich war mit meiner ehrlichen Antwort meiner Freundin gegenüber sehr zufrieden, trotzdem wirkte ihre Frage bei mir noch eine Weile nach – bis mir ein Film einfiel, den ich ein paar Monate zuvor gesehen und der mich sehr berührt hatte.

Am Tag darauf rief ich meine Freundin an.

»Sag mal, hast du *Meine Stunden mit Leo*[1] gesehen?«, fragte ich.

Sie rief sofort begeistert: »Ja!«

Vordergründig könnte man meinen, dass es in der britischen Tragikomödie um eine ältere Frau und einen jüngeren Callboy geht. Doch dahinter steckt so viel mehr. Die, wie ich finde, grandiose Emma Thompson, Jahrgang 1959, spielt darin die pensionierte Religionslehrerin Nancy, die seit ein paar Jahren verwitwet ist. Nancy hat ihren Mann aufrichtig geliebt, in ihrem gemeinsamen Sexleben jedoch weder Erfüllung noch Orgasmen erlebt. In einem Hotelzimmer wartet sie – zum ersten Mal in ihrem Leben – auf einen Callboy. Er heißt Leo; Nancy hat seine Dienste online gebucht und bezahlt. Sie wirkt nervös und verkrampft. Kurz nachdem sie den schätzungsweise 30 Jahre jüngeren Mann in ihrem Zimmer in Empfang genommen hat, liest sie ihm in sachlich-nüchternem Ton eine Liste vor, die sie vorbereitet hat: »Punkt 1: Ich mache Oralsex bei dir. Punkt 2: Du machst Oralsex bei mir. Punkt 3: Wir machen Stellung 69, wenn man das noch so nennt, keine Ahnung.«[2]

Ich könnte mich bei dieser Eingangsszene vor Lachen kringeln, der trockene britische Humor und diese entwaffnende Ehrlichkeit sind genau mein Ding! Doch der Grund, warum dieser Film hier Raum bekommen muss, ist ein anderer.

Ich empfinde *Meine Stunden mit Leo* für Frauen 50 plus als revolutionär. Er bricht gleich mehrere Tabus: Eine ältere (verwitwete) Frau hat ein sexuelles Verlangen. Und: Eine ältere Frau engagiert einen Callboy. Das ist aber noch nicht alles. Emma Thompson tut in diesem Film etwas, was sie selbst in Interviews als das Härteste bezeichnete, das sie jemals in einer Rolle tun musste. Es geht dabei nicht etwa um eine unkonventionelle Sexszene oder einen besonders komplizierten Dialog. In ihrer Rolle als Nancy steht die Schauspielerin gegen Ende des Films nackt und bloß vor einem großen Spiegel und betrachtet ihren Körper. Dabei war kein jüngeres oder besser trainiertes Körper-Double am Werk, es gab keine Retusche, keinen schmeichelnden Morgenmantel, keine schnellen Filmschnitte, keine Be- oder Verurteilung – nur eine ganz normale nackte Frau jenseits der 60 und ihr Blick auf sich selbst. Vorsichtig und versöhnlich.

Ich bekomme jetzt noch Gänsehaut und einen Kloß im Hals, wenn ich daran denke. Für mich ist dies der wichtigste Tabubruch des ganzen Films und eine absolute Schlüsselszene. »Wir sind es einfach nicht gewöhnt, normale Körper zu sehen«, sagte Emma Thompson in einem Interview. Und sie ging noch weiter: »Man hat uns Frauen unser ganzes Leben lang eine Gehirnwäsche verpasst, damit wir unseren Körper hassen.«[3] Wir bekommen in der Werbung, in Film, Shows und Fernsehen regelmäßig makellose

Frauenkörper präsentiert – eine mit knapp 50 Jahren unrealistisch jung aussehende Charlize Theron oder eine mit Modelmaßen ausgestattete Heidi Klum – und fragen uns, warum wir nicht mehr so aussehen oder niemals so ausgesehen haben. Deshalb wohl empfand Emma Thompson die Spiegelszene als größte Herausforderung ihrer jahrzehntelangen Karriere als Schauspielerin.

Ich kann ihre Worte und die Verärgerung, die darin mitschwingt, sehr gut nachempfinden. Wenn ich mich in die Geschichte der Filmfigur Nancy hineindenke, so bin ich mir fast sicher, dass die Frau den Blick in den Spiegel zu Beginn ihrer Reise nicht gewagt hätte. Es musste zuerst die Stunden mit Leo geben, die ihr zwar wunderbare körperliche Freuden bescherten, vor allem aber die Auseinandersetzung mit sich selbst. Ich empfinde den Blick als Ergebnis einer langen Reise. Die Reise einer Frau, die ihre Komfortzone verlässt, weil sie ahnt, dass es da noch etwas geben muss, dass das Leben noch etwas für sie in petto hat – wenn sie sich nur traut. Besonders an dieser Stelle fühlte ich mich ihr sehr verbunden. Nancy beweist im Laufe der Handlung nicht nur Offenheit und Mut, was sexuelle Erfahrungen angeht, sie entwickelt auch ein neues, liebevolles Bewusstsein für ihren älter gewordenen Körper. Ein Akt der Befreiung, ein Statement und eine Inspiration. Ich wünsche mir, dass die Spiegelszene viele Frauen über 50 inspiriert. Ich vermute, dass sich die wenigsten unter uns so pur und bloß vor den Spiegel stellen würden – ohne Morgenmantel, ohne kritische Blicke und ohne den Bauch einzuziehen.

»Ach, das bringt doch eh nichts«, sagte meine Freundin Uta mal, als wir über eingezogene Bäuche diskutierten. »Der Mann hat deine Figur doch längst gescannt, der weiß doch, ob du zierlich oder kurvig bist.« Und ich finde, sie hat recht. Genauso wie Elizabeth Gilbert, gespielt von Julia Roberts, in der Romanze *Eat, Pray, Love*. Als sich eine frisch verliebte Freundin grämt, dass sie im Laufe ihres Aufenthalts in Italien den Hosenknopf kaum mehr zubekomme, sagt Gilbert: »Beantworte mir eine Frage: In all den Jahren, in denen du dich ausgezogen hast vor einem Herrn. (...) Hat dich je einer gebeten zu gehen? Hat dich je einer stehen lassen und ist gegangen?«

»Nein.«

»Weil es sie nicht interessiert. Er ist im Zimmer mit einer nackten Frau, ist doch ein Volltreffer.«[4]

Ein guter Standpunkt, auch wenn die beiden Frauen in dem Film von der 60 noch ein gutes Stück entfernt sind. Er zeugt von Gelassenheit und Selbstliebe – beides steht uns altersunabhängig gut.

Aber zurück zu unserer Altersgenossin und Filmheldin Nancy. Sie lässt sich im Laufe der Treffen mit Leo nicht nur von ihm berühren, sie berührt sich auch selbst. Dabei lernt sie ihren Körper besser kennen und womöglich auch lieben – so zumindest meine Interpretation. Mit einem wundervollen Ergebnis: Am Ende ist es nicht etwa der schöne Callboy, der sie zum Höhepunkt bringt. Nein, sie verschafft sich selbst einen Orgasmus. Den ersten ihres Lebens.

Erste Male haben kein Verfallsdatum, und das finde ich fantastisch! Was könnte Ihr erstes Mal sein? Zum ersten Mal ohne Baucheinziehen vor dem Spiegel stehen? Zum ersten Mal liebevolle Berührungen am eigenen Körper? Oder sind Sie gerade schon drauf und dran, zum ersten Mal »Callboy in meiner Nähe« in das Suchfenster bei Google einzugeben?

Falls bei Ihnen nun der Eindruck entstanden ist, dass *Meine Stunden mit Leo* eher witzig als aufregend oder eher hölzern als sinnlich sei: nicht im Geringsten. Wenn Sie mal wieder einen Film gucken möchten, der wirklich sexy ist, stellen Sie *Neuneinhalb Wochen* oder *Fifty Shades of Grey*[5] erst mal hinten an und schauen Sie *Meine Stunden mit Leo*. Er erzeugt ein wunderbares Knistern, obwohl man kaum etwas Sexuelles sieht. Solche Kniffe liebe ich! Im Idealfall schauen nicht nur wir Silversurferinnen diesen Film, sondern auch Männer, die sich wirklich für Frauen interessieren. Und junge Frauen – denn auch die werden älter und unweigerlich Bekanntschaft mit den hängenden Gärten machen.

Alt und nackt: eine völlig neue Welt?

Auch ich habe das Zusammensein mit meinem älter gewordenen Körper immer wieder geübt. In meinem Bad hängt ein Ganzkörperspiegel. Ich habe ihn absichtlich so angebracht, dass ich mich darin sehen kann, wenn ich aus der Dusche steige. Mit der Nacktheit im Alter verhält es sich ein bisschen so wie mit den Solo-Dates, auf die im zweiten Schritt die Dates zu zweit folgen. Denn gut allein nackt sein zu können, kann dabei helfen, lustvoll gemeinsam nackt sein zu wollen.

Es gibt diverse Gründe, warum Sie sich entspannen können.

Erstens: Perfektion ist eine Illusion. Folglich kann es auch den perfekten Körper nicht geben. Wir dürfen vermutlich davon ausgehen, dass nicht mal Charlize Theron oder Elle McPherson ihn haben. Natürlich können jahrhundertelang gewachsene Denkmuster nicht über Nacht ad acta gelegt werden. Wir können aber damit aufhören, uns dem Optimierungswahn kampflos zu ergeben. Kaufen Sie meinetwegen die Anti-Aging-Creme, ich tu es ja auch hin und wieder. Hauptsache, wir sind uns einig, dass unser Strahlen nicht von der Creme, sondern von innen kommt. Außerdem: Auch schlanke Körper werden älter, egal ob sie fünfmal pro Woche im Fitnessstudio trainiert werden. Die fitteren Körper verfügen dann vermutlich über einen geringeren Körperfettanteil und eine bessere Körperhaltung. Aber in puncto Falten sitzen wir alle im gleichen Boot. Apropos Boot: Für das Hissen der Segel sind wir selbst verantwortlich. Oder, um es ein weiteres Mal mit den Worten von Pippi Langstrumpf zu sagen: »Der Sturm wird stärker. Ich auch.«

Zweitens: Machen Sie sich frei davon, dass Falten oder ein Hängebäuchlein etwas Schlimmes sind. Ich weiß, ich weiß, leichter gesagt als getan. Sie müssen Ihre persönlichen Makel ja auch nicht von der einen auf die andere Sekunde klasse finden, Sie könnten aber akzeptieren, dass sie zu Ihnen gehören wie Ihre Lebenserfahrung. Vermutlich hat es die eine oder andere Sache in Ihrem Leben gegeben, auf die Sie hätten verzichten können. Darunter auch Ungerechtigkeiten, die schwerer zu verdauen waren als andere. Ich versuche, meine Lebenserfahrung als Summe zu sehen, der gegenüber ich keinen Groll hege. Wenn ich beim Blick in den Ganzkörperspiegel in meinem Bad mal wieder realisiere, dass ich nicht Jane Fonda bin, stimmt es mich immer ein wenig versöhnlich, wenn ich die Dinge in ihrer Gesamtheit betrachte. Mein Tipp: Machen Sie beim Blick in den Spiegel unbedingt die Halogenleuchten aus und ein warmes Licht an.

Drittens: Übung macht die Meisterin. Unter der Oberfläche der Spiegelszene mit Emma Thompson liegt der Mut, seinen älter gewordenen Körper anzusehen und anzunehmen. Dieser Mut wird meiner Meinung nach belohnt. Schauen Sie sich Ihren Körper an: Ihre Arme, Ihr Dekolleté, Ihre Brüste, Ihren Bauch, Ihre Hüften, Ihre Oberschenkel. Tun Sie es in nebulösem Mondlicht oder bei warmem Kerzenschein, aber tun Sie es. Immer wieder, vielleicht im Rahmen eines schönen kleinen Rituals. Bis es zur Gewohnheit wird. Ich habe herausgefunden, dass es dafür sogar ein Wort gibt: Sehgewohnheit. Was wir regelmäßig sehen, empfinden wir als vertraut.

Spieglein, Spieglein ...

Wenn wir in den Spiegel blicken, sehen wir kein reelles Abbild von uns, sondern ein Bild, das wir konstruiert haben. Während die beste Freundin vielleicht findet, man trage ein Strahlen vor sich her, kann es sein, dass wir diesen Glow selbst gar nicht wahrnehmen. Unser Selbstbild kann uns also ganz einfach ein Schnippchen schlagen. Dieser Blick birgt aber auch Chancen: Wer sich liebevoll (im Spiegel) begegnet, der sieht tendenziell wahrscheinlich eher etwas Schönes. Die Psychologie ist beim Blick in den Spiegel übrigens auf unserer Seite. Wer mit einem bestimmten Reiz, in diesem Fall dem eigenen Spiegelbild, regelmäßig konfrontiert ist, findet diesen Reiz mit der Zeit automatisch immer besser. Man nennt das den Mere-Exposure-Effekt.[6] Auch die mediale Entwicklung spielt uns in die Karten: Mittlerweile haben die Medien erkannt, dass sie ein unvollständiges Bild unserer Gesellschaft zeichnen, wenn sie Lust, Nacktheit und Sexualität im Alter tabuisieren. Seitenlange Reportagen, Interviews oder Podcasts sprechen endlich aus, was wir schon lange wissen: Silversurferinnen und Silversurfer sind keine körper- oder geschlechtslosen Wesen. Ja, es gibt sie, die Lust jenseits der 60. Je eher wir alle uns daran gewöhnen, desto besser. Falls das eine oder andere erwachsene Kind von dieser Lektüre nicht mehr loskommt, obwohl es das Buchgeschenk für Mama oder Papa nur mal eben probelesen wollte: Sie müssen jetzt ganz stark sein. Auch Oldies knutschen auf der Couch und fummeln im Auto.

Emma Thompson respektive Religionslehrerin Nancy hat sich nicht nur im Spiegel angesehen. Vielleicht bleibt es im Rahmen unserer kleinen Übung auch bei Ihnen nicht beim Blick in den Spiegel. Vielleicht berühren Sie sich ja auch? Das muss kein erotisches Streicheln sein. Ich nenne es ein »Das-bin-ich-Streicheln«. Man lernt den Körper, der einen seit Jahrzehnten durchs Leben trägt, kennen und spürt: »So fühlen sich meine Arme an, so mein Bauch, so meine Vagina.«

Womit wir beim nächsten Punkt wären: der Selbstbefriedigung.

Solosex als Selbstfürsorge

Es soll einmal jemand behauptet haben, dass es für eine Frau Wichtigeres gäbe als einen Orgasmus, zum Beispiel neue Schuhe. Sie können es sich bereits denken: Ich widerspreche. Ich finde, das Leben ist viel zu kurz, um keine Orgasmen zu haben! Aber ich weiß, dass die Realität oft anders aussieht. Es gibt Frauen, die ihr Leben lang mit ihrer großen Liebe zusammen waren, innerhalb der Beziehung aber nie sexuelle Erfüllung fanden. Das ist nichts, worüber man mit den Nachbarn spricht, und eventuell nicht mal mit einer guten Freundin. Vielleicht hilft es Ihnen, wenn Sie wissen: Sie können Ihre große verstorbene Liebe im Herzen tragen und im Hier und Jetzt trotzdem für sich eine lebendige Sexualität suchen und finden.

Das Internet ist voll von Geschichten über erwachsene Frauen, die in ihrem Leben noch keinen Orgasmus hatten. Ich bin nicht Erika Berger, und Sie sind selbst groß und wissen, was Sie tun oder lassen wollen. Doch ich finde, ein bisschen Solosex kann bei unserer Erkundungsreise – und bei der Suche nach dem Höhepunkt – Wunder wirken. Auch hier empfiehlt es sich, sich nicht zu überfordern. Steigern Sie sich langsam, angefangen vom »Das-bin-ich-Streicheln« bis zu Berührungen, die Lust machen. Probieren Sie es aus, es kann ja nichts passieren, Sie sind Herrin der Lage! Ich würde die Fähigkeit zum Orgasmus als eine Mischung aus Selbstliebe und Artikulationskunst beschreiben – sagen, was man mag und was nicht. Lassen Sie sich diese Freuden nicht entgehen.

Es gibt übrigens Anlass zur Zuversicht: Die Kurve der Lebenszufriedenheit, so haben es Neurobiologen herausgefunden, befindet sich in der Mitte des Lebens im Tal der Tränen – doch sie fällt dann nicht stetig weiter ab, sondern steigt ab dem mittleren Alter wieder an, umgekehrt zur körperlichen Entwicklung.[7] Viele von uns werden also zufriedener, je älter sie werden. Dann kriegen wir das mit dem Solosex, der schließlich viel mit Selbstakzeptanz und -liebe zu tun hat, doch wohl auch hin, oder?

Berühren wir uns am eigenen Körper an Stellen, die wir früher – aus welchen Gründen auch immer – außer Acht gelassen haben, kann uns das eine völlig neue Welt eröffnen: eine schambefreite, unverkrampfte, lebendige und leichtfüßige. Die Solo-Freuden haben auch für das Nacktsein zu zweit Vorteile. Wer seinen Körper gut kennt und leiden kann, hat meist auch weniger Berührungsängste, wenn es um das Erkunden und Begehren eines anderen Körpers geht.

Zusammen nackt – will ich das?

Ja nun, wollen Sie? Sie müssen sich nicht sofort entscheiden. Lassen Sie uns erst mal eintauchen in die sexuelle Welt jenseits der 60. Vielleicht inspirieren Sie meine Überlegungen zu diesem Thema ja.

»Wie oft Frauen und Männer ab 60 noch Sex haben«, »So viel Sex pro Woche ist in Ihrem Alter normal« oder »Wie oft lieben sich 80-Jährige?« Wenn ich solche Überschriften lese, scrolle ich weiter oder blättere um. Was bitte heißt hier »normal«? Von Umfragewerten, die Aufschluss darüber geben sollen, wie viel Sex welche Altersklasse pro Woche, Monat oder Jahr hat, halte ich nichts. Jede und jeder entscheidet für sich, was sie oder er wie oft tut oder lässt. Ich weiß von frisch verliebten Paaren, die mit Anfang 70 den Schlüssel zu Intimität und Zärtlichkeiten entdecken, und von 40-Jährigen, deren Libido in den ewigen Winterschlaf gefallen zu sein scheint.

Laut der Bundeszentrale für gesundheitliche Aufklärung nehme sexuelles Verlangen nicht automatisch mit dem Alter ab, sondern vielmehr mit der Dauer der Beziehung. Wer im Herbst seines Lebens eine neue Liebe – oder vielleicht erst mal nur eine Romanze – findet, hat also womöglich wieder mehr Lust und mehr Sex. Das Alter bringt zwar körperliche Veränderungen mit sich, eine Altersgrenze für Sex aber gibt es nicht. Eine schöne Erkenntnis, die zudem Raum für Interpretation lässt. Was genau bedeutet denn »Sex haben«? Den Beischlaf vollziehen, Vorspiel oder auch Schmusen? Ich würde den Blumenstrauß an Möglichkeiten und Berührungen so groß wie möglich fassen. Würden wir zu Sex lediglich den klassischen Akt zählen, würden wir uns viel Raum für schöne, prickelnde Erlebnisse nehmen.

Mit meinen Kandidatinnen und Kandidaten in der Partnervermittlung spreche ich insofern über Sexualität, als ich sie frage: »Wie wichtig ist Ihnen Sexualität? Sehr wichtig, nicht mehr ganz so wichtig oder überhaupt nicht wichtig?« So kommen wir im Gespräch oft auch schnell darauf, dass für viele Menschen Händchenhalten und Umarmungen schon ein wunderbarer Grad an Intimität sein können. Sex im Alter heißt nicht höher, schneller, weiter. Erstrebenswert ist, was glücklich macht. Und das muss nicht gleich die Lotusstellung, der Schmetterling oder die heilige Kuh sein. Nein, diese Bezeichnungen habe ich mir nicht in einer Sauvignon-Laune ausgedacht, die gibt es in der Liebeskunst des *Kamasutra* wirklich. Viel mehr als die Begriffe kenne ich aber auch nicht.

Mir gefällt die Idee von Entschleunigung und Selbstbestimmtheit sehr gut, denn sie baut Berührungsängste ab, und das entspannt schon mal. Schließlich schlagen sich viele von uns in unserem Alter bereits mit Beckenbodentraining, Scheidentrockenheit oder mangelndem Stehvermögen herum. Wir haben jedes Recht, uns so viel gute Stimmung wie möglich zu machen, wenn es ums Begehren und Begehrtwerden geht. Ich habe vor ein paar Jahren beschlossen: Die Menopause ist keine Einbahnstraße. Gegen Scheidentrockenheit gibt es Vaginalcremes und gegen Hitzewallungen Medikamente vom Endokrinologen.

Ausflug ins Grüne

Das Alter ist eine lang andauernde Realität, liegt hierzulande die durchschnittliche Lebenserwartung von Männern doch bei gut 78 Jahren, die von Frauen bei etwas über 83.[8] Warum sollten wir irgendetwas anderes tun, als diese Zeit so schön wie möglich zu gestalten, egal ob allein oder zu zweit? Wie intensiv, entscheiden Sie. Lassen Sie uns an dieser Stelle nicht weiter mit Zahlen hantieren und uns lieber den angenehmen Seiten von zwischenmenschlichen Beziehungen zuwenden.

Sie spielen also mit dem Gedanken, nicht weiter allein durch die hängenden Gärten wandeln zu wollen? Wie schön! Wir haben gelernt, dass es nicht immer gleich das *Kamasutra*-Überfallkommando sein muss. Genau wie beim Dating teile ich auch hier ein paar Erkenntnisse und Tipps mit Ihnen, die Ihnen Ihre kleine »Auszeit im Grünen« so angenehm wie möglich machen sollen.

Das Timing geben Sie vor: Daten Sie Ihren Schwarm so lange in Klamotten, wie Sie lustig sind. Und wenn es 20 Treffen oder ein halbes Jahr dafür braucht. Erst wenn Sie sich bereit fühlen, die Hüllen fallen zu lassen, ist der richtige Zeitpunkt dafür. Das Aufregende ist ja, dass wir spüren, wenn wir uns zusammen mit unserem potenziellen Partner – oder Bettgefährten – in Richtung Körperlichkeit bewegen. Aus der schnellen und schüchternen Umarmung zum Abschied wird irgendwann ein langes gemeinsames Innehalten, gefolgt von einem warmen Streichler über den Rücken. Aus der flüchtigen Berührung am Arm eine absichtliche. Und aus dem Küsschen auf die Wange ein Kuss auf den Mund.

Eine kluge Philosophiestudentin habe ich mal in einem Interview auf Arte den Satz sagen hören: »Glück ist der Moment kurz vor der Erfüllung.« Ich halte ihn für verdammt wahr. Gerade wenn es um den ersten Kuss oder die ersten Intimitäten geht. Was sagen Sie dazu? Hat Ihr Bauch jemals schöner gekribbelt als in diesen unvollendeten Momenten?

Für eine gelungene gemeinsame Nacht muss man nicht nackt vom Kronleuchter springen. Machen Sie einen Schritt nach dem anderen. Manchmal vergisst man sie im Eifer des Gefechts: die Zwischentöne. Sie müssen nicht vom ersten Rumgeknutsche im Hausflur direkt zum Sex übergehen. Gestalten Sie Tempo und Intensität Ihrer gemeinsamen ersten Male ganz individuell. Ein wunderbares erstes Mal könnte zum Beispiel sein, wenn Sie zwar gemeinsam auf dem Sofa oder auch im Bett liegen, aber angezogen bleiben. Sie halten sich im Arm, nehmen den Duft des anderen wahr, spüren seinen Herzschlag. Das kann sich als erster Ausflug in die Horizontale herrlich vollkommen anfühlen.

Wir müssen noch mal kurz von Kribbelwolke sieben heruntersteigen, nehmen Sie es mir bitte nicht krumm, denn nach dem Vorspiel ist vor dem Erwartungsdruck. Sofern Sie und Ihr Gefährte an dem Punkt angekommen sind, an dem Sie sich langsam Richtung Schlafzimmer bewegen – oder Anrichte im Flur oder Küchentresen, das obliegt natürlich Ihnen –, dann haben Sie bitte keine allzu hohen Erwartungen. Die Wahrheit lautet: Eventuell wird das erste Mal mit dem neuen Partner nicht der Brüller. Und das ist völlig in Ordnung. Alter schützt vor Aufregung nicht. Zusammen nackt zu sein, ist eine große Sache. Sie beide sehen zum ersten Mal den bislang noch fremden Körper des anderen unverhüllt, und da kann vieles schiefgehen. Auch wenn Sie unsere Emma-Thompson-Übung lehrbuchmäßig absolviert haben, werden Sie vielleicht den Bauch einziehen und statt dem Höhepunkt der nächsten Migräneattacke hinterherjagen. Womöglich werden Sie schwitzige Hände haben, während er zu früh kommt, weil er völlig aus der Übung ist. Oder Ihnen offenbart sich bei der Bekanntschaft mit seinem besten Stück ein Urwald an Schambehaarung, der Ihnen so gar nicht zusagt. All das sind Dinge, über die man reden kann und gemeinsam schmunzeln darf. Falls es miteinander nicht direkt so klappt wie gewünscht, kann es ein schöner Vertrauensbeweis sein, die Solo-Freuden vor einander zu zelebrieren.

Unbedingten Redebedarf erfordert auch die Übernachtungsfrage. Ich könnte mir nach einer schönen gemeinsamen Nacht und wenn man sich wirklich gernhat, nichts Besseres vorstellen als auch gemeinsam einzuschlafen. Meine Freundin Uta hingegen hat die Übernachtungsanfrage ihres Dieters schneller abmoderiert, als dieser gucken konnte.

»Bist du verrückt geworden?!«, schmetterte mir Uta entgegen, als ich sie fragte, was sie an einer Übernachtung so schlimm fände. »Dann steht da plötzlich wieder eine Zahnbürste neben meiner im Bad? Nee, so weit bin ich noch nicht.«

Gibt man bei Google ein: »Wann erste Übernachtung?«, feuert einem das Internet als Erstes entgegen, in welchem Alter die Enkel bei den Großeltern übernachten können. Beim nächsten Treffer rät ein Dating-Coach, dass einer Übernachtung nach dem dritten Date nichts mehr im Wege stünde, weil man zu diesem Zeitpunkt auch miteinander geschlafen haben sollte. Ich fürchte, dieser Dating-Coach muss noch viel lernen.

Ob ich an mein Privatleben oder an meine Partnervermittlung denke, läuft es am Ende immer darauf hinaus: Liebesangelegenheiten folgen keinen Regeln. Das macht sie so aufregend wie unberechenbar. Schmusen, ja, gemeinsam einschlafen, nein? An dieser Frage scheiden sich die Geister. Damit niemand vor den Kopf gestoßen wird oder mit falschen Erwartungen inklusive Zahnbürste anrückt, sprechen Sie es am besten in einem schönen und unverfänglichen Moment an. Bei der Frage nach dem richtigen Zeitpunkt können wir uns, und davon bin ich fest überzeugt, auf unseren alten, faltigen und vermutlich wunderschönen Bauch verlassen.

Wie viel Liebe braucht die Welt?

Obwohl meine Partnervermittlung gut lief und ich so bekannt war wie ein bunter Hund, gab es ein Problem: Es meldeten sich nach wie vor mehr Frauen als Männer bei mir. Ich setzte mich also mit Marketingberatern zusammen, befragte meinen Bekanntenkreis, führte Strategiegespräche. Doch wir kamen auf keinen grünen Zweig, warum das Verhältnis in meiner Kartei so unausgewogen war.

Bis mir die Zeit nach rund zwei Jahren eine Erkenntnis vor die Füße warf. Und zwar, als ich einen Anruf auf meinem Hammer & Herz-Handy entgegennahm. Ein sympathisch klingender Mann war dran. »Frau Pochhammer, ich habe vor etwa zwei Jahren eine Anzeige von Ihnen gesehen«, sagte er. Sie habe ihm gleich gefallen, weshalb er sie feinsäuberlich ausgeschnitten und an die Kühlschranktür geklebt habe. Er wisse auch nicht, warum, aber heute habe er sich endlich dazu durchgerungen, die Nummer zu wählen. Wirklich zwei Jahre?, dachte ich, biss mir aber auf die Lippen. Der Mann hatte viele Fragen, zum Beispiel, ob ich glaubte, dass er überhaupt noch Chancen bei den Frauen hätte, und wie die Vermittlung genau ablaufe. Im Selfiesmachen wäre er ganz schlecht, ob er mir für die Vermittlung nicht einfach sein biometrisches Passfoto einschicken könne. Lieber würde ich ihn dann zu einem guten Fotografen schicken, sagte ich. Wir telefonierten eine Weile, dann vereinbarten wir ein Treffen in meinem Büro.

Während dieses Gesprächs wurde mir klar: Eine Partnervermittlung anzurufen ist nicht das Gleiche, wie eine Pizza Salami zu bestellen, es kostet einige Männer unter Umständen große Überwindung. Ich erinnerte mich daran, dass mein Vater auch nie gerne nach dem Weg gefragt hatte. Handelte es sich hierbei um dieselbe Thematik? Baten Männer einfach nicht gern um Hilfe, auch wenn es um die Liebe ging? Oder saß ich damit einem Klischee auf? Ich bin weder Psychologin noch Soziologin und habe bis heute keine eindeutige Antwort darauf, warum sich die Männer schwerer tun als Frauen. Immerhin weiß ich mittlerweile, dass es manchmal ein bisschen Geduld braucht. Und dass es bei anderen Partnervermittlungen ähnlich ist.

Meine Bekanntheit als »Gründerin mit Ü60« hatte dazu geführt, dass ich auch nach einer Weile am Markt als Gesprächspartnerin für die Presse interessant blieb. Die meisten der Journalistinnen und Journalisten, die mich interviewten, hätten meine Kinder sein können. Auch sie spiegelten mir wichtige Erkenntnisse für meine Arbeit. Viele von ihnen hatten getrennte Eltern, oder ein Elternteil war lange verstorben. »Ich wünschte, meine Mami würde Sie auch anrufen!« Oder »Ich fände es toll, wenn sich mein Vater auf seine alten Tage noch mal verlieben würde.« Solche Sätze hörte ich oft, sobald die Kameras aus oder die Audioaufnahmen beendet waren. Inneres Feuer kennt kein Alter, mit dieser Überzeugung war ich nicht allein, und das tat unglaublich gut.

Das Bedürfnis nach Liebe, Sex und Zärtlichkeiten in der zweiten Lebenshälfte war sogar noch viel größer, als ich erwartet hatte. Ich bekam Anrufe aus Basel, Brüssel, München oder Sylt. Und auch wenn die Anfragen immer mehr wurden, kümmerte ich mich um alle selbst. Eine gute Freundin, die in Großbritannien lebte, schrieb mir: »Gabi, I saw you in a German magazine. We need you here!« Anscheinend brauchten auch die alten Hasen im Vereinigten Königreich Unterstützung bei der analogen Suche nach der Liebe. Für einen Moment sauste tatsächlich die wahnwitzige Vision von einer Dependance in London durch meinen Kopf. Vielleicht wartete dort etwas auf mich? Oder gar jemand? Ab nach UK, eine nette kleine Wohnung mieten – bei der alten reiselustigen Südafrika-Gabi rannte man mit solchen Abenteuerideen offene Türen ein. »Immer der Reihe nach, mein Liebling«, hätte Max wahrscheinlich gesagt. In diesem Fall völlig zu Recht. Ich antwortete meiner Freundin mit einem herzhaft lachenden Smiley. Erst mal war alles gut, so wie es war.

»Dein Kopf ist total Karussell, oder?«

Sven

Nach dem Treffen ist vor dem *Mindfuck* Oder: Wer meldet sich zuerst?

Sie haben Händchen gehalten, sich gegenseitig Ihre Lieblingsplatten vorgespielt, auch der Kuss im Flur war wirklich filmreif – und nun? Sitzen Sie vor Ihrem Handy wie das Kaninchen vor der Schlange. »Soll ich ihm schreiben? Warum ruft er nicht an? Vielleicht ist mein Telefon kaputt?« Nach dem Date ist vor der Verwirrung. Da geht es der Partnervermittlerin Ihres Vertrauens übrigens nicht anders als Ihnen. Aber bitte lassen Sie uns eines nicht vergessen: Wir haben schon ganz andere Sachen überstanden!

Als Partnervermittlerin hatte ich zwar feste Telefonsprechzeiten, und an diese hielten sich die meisten meiner Kandidatinnen und Kandidaten auch vorbildlich, aber so richtig Pause machte ich eigentlich nie. Immer ratterte es in meinem Kopf: Wäre Herr L. eine gute Partie für Frau K., oder waren die beiden zu unterschiedlich? Hoffentlich war das erste Treffen zwischen Frau von S. und Herrn J. gut gelaufen, beide waren im Vorfeld so euphorisch gewesen. Ich würde eine Mitarbeiterin einstellen müssen, nicht für das Liebes-Matching, sondern fürs Administrative im Hintergrund. Und dann waren da noch meine neuesten Renovierungspläne. Ich wollte weitere Zimmer in meiner Wohnung streichen und den Balkonboden erneuern lassen.

Etwa zweieinhalb Jahre nach meiner Gründung war die Pandemie abgeklungen, ich wieder voll im Leben angekommen und reif für einen Kurzurlaub. Kurzerhand fuhr ich mit Tiffy für ein langes Wochenende auf eine meiner Lieblingsnordseeinseln. Endlich mal wieder nur Sonne, Wind und Fischbrötchen. Meine Freundin Katharina würde zur selben Zeit dort sein und ihren 55. Geburtstag feiern. Ich freute mich auf eine Mischung ganz nach meinem Gusto – ein bisschen Ruhe, ein bisschen Halligalli.

Die erste Amtshandlung nach meiner Ankunft folgte einer Tradition, die ich vor Jahren mit Max ins Leben gerufen hatte: die Auswahl eines Strandkorbs. Mittlerweile konnte man auch online reservieren, aber ich ging lieber zum Strand und buchte vor Ort. Man musste schnell sein, vor allem wenn man während der Saison noch einen ergattern wollte. Ich hatte Glück und bekam einen Strandkorb am Hundestrand, aber etwas abseits von den anderen Urlaubern. Dort könnte ich Tiffy toben lassen. Und ich könnte währenddessen ein bisschen die Seele baumeln lassen und mir mittags an der Bude den einen oder anderen Krabbensalat munden lassen.

Den ersten Nachmittag verbrachte ich ohne Gesellschaft am Strand. Genau so hatte ich es mir gewünscht. In voller Montur und mit einer Decke hatte ich es mir in meinem Korb gemütlich gemacht, denn die Insel zeigte sich von ihrer rauen Sommerseite: steife Brise, hellgrauer Himmel und opulente Wolken, durch die sich die Sonne zu wühlen versuchte. Mir gefiel diese dramatische Stimmung. Außerdem lag ja noch ein ganzes Wochenende vor mir, um auf meine Sonnenstunden und einen Hauch von Urlaubsbräune zu kommen.

Tiffy döste auf ihrem extra weichen Handtuch. Ich blickte aufs Wasser, hing meinen Gedanken nach, hin und wieder las ich ein paar Seiten in meinem Buch. Ein wunderbarer erster Inseltag! Erst als der Abend hereinbrach, schlenderten wir zu unserem Hotel. Mein Weg führte mich vorbei an Sandburgen, die kleine Hände akkurat errichtet hatten, an Ferienhäusern, in deren Gärten Familien Stockfisch oder Würstchen grillten, an Balkonen, auf denen es sich Paare auf den Liegen gemütlich gemacht hatten, um den Sonnenuntergang anzusehen. Ich genoss die Atmosphäre und dass von allem etwas dabei war. Ich war zwar allein, aber nicht einsam. Ich war bei mir.

Zwei Morgen später, am Sonntag, hatte Katharina zum Geburtstagsfrühstück mit ihren Mädels geladen. Ja, die Bezeichnung »Mädels« darf man auch noch mit Ü60 verwenden. Wir trafen uns zu fünft beim Inselbäcker, eine kleine Vorfeier zur großen Party am Abend. Nach dem Geburtstagsständchen, leckerem Rührei mit Krabben und Roter Grütze zum Nachtisch rückte Katharina mit ihrem Stuhl näher an meinen heran und beugte sich verschwörerisch zu mir.

»Du, der Architekt hat sich für heute Abend angemeldet«, flüsterte sie.

»Welcher Architekt?« Ich wusste nicht, von wem sie sprach, ahnte aber bereits, dass es wahrscheinlich nichts mit einem Hausbau zu tun hatte.

»Der gut aussehende geschiedene, von dem ich dir erzählt habe.«

Es kam öfter vor, dass man mir von einem Mann, den ich unbedingt mal kennenlernen musste, erzählte, aber irgendetwas klingelte bei mir. »Hast du ein Foto?«, fragte ich Katharina.

Meine Freundin hatte ihr Handy bereits in der Hand und fing nun hastig an zu scrollen, als hätte sie nur auf diese Frage gewartet.

»Warte. Gleich. Der sieht aus wie Robert Redford.«

»Rothaarig?«

»Nee. Aber so vom Typ her.«

Sein Doppelgänger klang verheißungsvoll, wobei … verkuppelt werden? Och nö.

»Schau!« Meine Freundin hielt mir das unscharfe Foto von einem Mann unter die Nase, der mit Robert Redford ungefähr so viel gemeinsam hatte wie Olaf Scholz. »Nicht schlecht, oder?« Katharina nickte mir zu, als wollte sie mich zu einem Ja motivieren.

»Na ja, also, Aussehen ist ja nicht alles«, sagte ich und zwinkerte ihr zu.

»In echt sieht er auch tausend Mal besser aus, versprochen. Und einen coolen Range Rover hat er auch.«

»Schauen wir mal«, sagte ich so versöhnlich wie möglich. Und dachte insgeheim: So etwas war typisch für Verkupplungsaktionen im Bekanntenkreis. Nur weil da zwei Menschen waren, die zufällig beide ohne bessere Hälfte durchs Leben gingen, passten sie nicht automatisch zusammen.

Max und ich waren eine Ausnahme gewesen. Auf das richtige Maß an Gemeinsamkeiten und Unterschiede kam es an, »Solo« oder »Single« war schließlich keine Charaktereigenschaft.

»Genau, wir schauen. Ganz entspannt«, sagte Katharina. »Ich geh mal zahlen.« Im Aufstehen zwinkerte sie mir zu.

Na, die scheint ja zuversichtlich zu sein, dachte ich so bei mir.

Nachdem Katharina die Rechnung beglichen hatte, brachte die freundliche Bedienung jeder von uns einen Espresso aufs Haus. Wir prosteten einander scherzhaft zu und versprachen, heute Abend unbedingt auf Gin Tonic umzusteigen.

Gemeinsam mit Tiffy nahm ich nach einem kleinen Spaziergang meinen Platz im Strandkorb wieder ein. Ich war erleichtert, dass mich das Foto von Robert Scholz-Redford ähnlich neugierig gemacht hatte wie ein umgefallener Sack Reis in China. Das Wetter klarte langsam auf, so sehr, dass ich beim Lesen sogar meine Sonnenbrille aufsetzen musste. Ich dachte an Hamburg und Frau von

S. und Herrn J. Seit ihrem Date waren drei, vielleicht vier Tage vergangen. Wenn es ein Reinfall gewesen wäre, hätte bestimmt schon mindestens eine Partei bei mir angerufen oder gemailt. Ich war gespannt, widerstand aber der Versuchung, in mein E-Mail-Postfach zu gucken. Gearbeitet wurde erst am Montag wieder, so hatte ich es mir vorgenommen, und daran hielt ich mich auch.

Erstens kommt es anders ...

Der erste Gin Tonic schmeckte herrlich süß, mit einer Note von mediterranen Kräutern. Katharina hatte eine schicke Ferienwohnung auf der Insel angemietet und wuselte von der Terrasse in die Küche, von der Küche zum Eingang und wieder zurück. Ein mit ihr befreundeter Immobilienmakler namens Konny, der zeitgleich mit mir angekommen war, hatte einen Narren an mir gefressen. Seit sie mir meinen Begrüßungsdrink in die Hand gedrückt hatte, wich er mir nicht mehr von der Seite. Vielleicht versuchte Konny auch gar nicht zu flirten, sondern mir eine Wohnung zu verkaufen. Aber da konnte er lange warten, als Start-up hatte ich gerade wirklich andere Sorgen. Ich versuchte, trotz Konny, die Abendstimmung zu genießen. Katharina hatte die Bistrotische auf der Terrasse wunderschön dekoriert, mit orangefarbenen Blumenbouquets und dicken Blockkerzen in derselben Farbe. Von meinem Tisch aus hatte ich freie Sicht in die Hofeinfahrt, der Weg war gesäumt von lauter Rosenbäumchen.

Keine Sorge, ich werde mich jetzt nicht plötzlich als Nachwuchs-Rosamunde Pilcher versuchen, aber die Szenerie war wirklich romantisch. Nur der Immobilienmakler störte ein bisschen. Er bot einen Restauranttipp nach dem anderen dar – schwärmte vom besten »Obertschienen-Mus« und dem leckersten »Carpatschio« der Welt. Bei jeder neuen Empfehlung rückte er einen Zentimeter näher an mich heran, während ich mindestens zwei Zentimeter zurückwich.

An dieser Stelle ein kleiner Nachtrag zum Einmaleins des Flirtens: So geht es nicht! Wenn Ihr Gegenüber demonstrativ auf Abstand geht, dann rücken Sie niemals, aber auch wirklich niemals, nach.

Nach und nach tauchte ein Partypärchen nach dem anderen in der Hofeinfahrt auf, um sich zu uns zu gesellen. War ich etwa schon wieder die einzige Singlefrau des Abends? Ich konnte mittlerweile wieder sehr gut mit mir allein sein, aber solo unter lauter Paaren? Das vermittelte mir immer das Gefühl, als wäre die ganze Welt verheiratet, nur ich nicht. Das war zumindest kein Vorbote für die Party des Jahrzehnts.

Ich bereitete mich gerade innerlich darauf vor, Immo-Konny freundlich, aber vehement eine verbale Lektion zu erteilen, als eine aufsässig bimmelnde Fahrradklingel unser Gespräch unterbrach. *Klingelingeling. Klingelingeling.* Ein Herr mit dicken hellgrauen Locken und in einem beigefarbenen Leinenanzug rollte auf dem Rad heran. Er hob die Hand zum Gruß in unsere Richtung.

»Einen wunderschönen guten Abend!«, rief er. Seine Stimme klang warm und gelassen, obwohl er laut rufen musste, um die rund 20 Meter zu uns zu überbrücken. Meinte er mich? Ich sah hinter mich – und dann direkt Katharina, die fröhlich zurückwinkte.

»Friedrich!«, rief sie überschwänglich.

Und dann Friedrich wieder: »Katharina!«

Es hätte mich nicht gewundert, wenn die beiden gleich angefangen hätten, abwechselnd »Sissi!« und »Franz!« zu flöten.

»Wie schön, dass du da bist!«, rief Katharina dem Herrn zu, der gerade sein Rad zum Stehen gebracht hatte. Dann zog sie mich am Arm weg von Immo-Konny und zu sich heran. »Gabi, das ist er. Das ist der Architekt.«

»Was?! Der?!«, entfuhr es mir ein bisschen lauter, als es gut war, was ich daran merkte, dass Konny sich erschrocken zu mir umdrehte. Was in aller Welt hatte Katharina auf die Idee gebracht, den gut gelockten Friedrich mit dem rothaarigen Robert Redford zu vergleichen?

»Ich stelle euch gleich vor. Komm, Gabi.«

Na gut. Wenigstens wurde ich so den Makler los.

... und zweitens, als man denkt

»Was hast du denn schon alles so gebaut?«, hörte ich mich Friedrich fragen, während ich versuchte, ihn so unauffällig wie möglich zu mustern. Sein Leinenanzug fiel lässig. Nur am Bauch saß er ein bisschen auf. Sympathisch, dachte ich. Vermutlich war er ein Genussmensch, genau wie ich. Anhand der kleinen Fältchen an den Augen, um den Mund und auf der Stirn schloss ich, dass er ein paar Jährchen älter sein musste als ich. Vielleicht 70, 72? Er hatte einen zufriedenen Gesichtsausdruck, das gefiel mir.

Friedrich erzählte gerade von einer Druckerei in der Schweiz, die er vor einer Weile gebaut hatte, als sich Katharina zu uns gesellte. Sie klinkte sich in unser Gespräch über Fundamentflächen und Quadratmeterzahlen ein, als wäre es ihr Steckenpferd. Doch ich kannte meine Freundin gut genug, um zu wissen, dass sie nur mal eben sehen wollte, wie ihre Verkupplungsmission lief. Von Friedrichs Bauwerken kamen wir zu meiner letzten Reise nach Basel – ein Kandidat, der bald nach Hamburg umziehen würde, wollte sich bei Hammer & Herz anmelden – und von da auf ein gemeinsames Hobby: die Welt zu bereisen. Friedrich hatte zwar nicht so lange wie ich in anderen Ländern gelebt, aber auch viel gesehen.

Irgendwann sagte er selig lächelnd: »Also eins steht fest, ich bin hier gerade von den beiden tollsten Frauen des Abends umgeben.«

Was für ein Charmeur, dachte ich. Katharina warf mir breit grinsend einen Blick zu, der so etwas sagte wie: »Wusste ich's doch« oder »Tja, deiner alten Freundin kannst du eben doch vertrauen.«

»Ich lass euch mal machen, ihr zwei«, sagte sie, klopfte Friedrich leicht auf die Schulter und tänzelte davon.

Partnervermittlerin, das klinge aber auch nach einem spannenden Beruf, befand Friedrich. Das wäre sicher auch etwas für seinen besten Freund. Schon eine ganze Weile geschieden, die Kinder aus dem Haus, und mit 60 könne man doch nicht mehr tindern, oder wie das hieße.

»Kann man schon«, sagte ich. »Muss man aber nicht.«

»Zum Glück«, fuhr Friedrich fort. Er selbst habe derzeit zwar auch keine Partnerin, aber seinem Freund würde er auf jeden Fall empfehlen, sich in meine Kartei aufnehmen zu lassen.

Hatte der sympathische Friedrich mir da etwa gerade dezent mitgeteilt, dass er solo war? Mein Herz machte einen kleinen Hüpfer. Mir wurde warm. Nicht hitzewallungswarm, sondern irgendwie anders.

Friedrich lebte in Berlin und kam, genau wie ich, regelmäßig für kleine Auszeiten auf die Insel. Erst gestern war er angekommen, verriet er mir. Der Beginn eines zweiwöchigen Urlaubs, ein bisschen die Seele baumeln lassen, und in Woche zwei käme dann sein Sohn zu Besuch.

Ich ärgerte mich, dass ich morgen schon wieder zurück nach Hamburg musste, aber beschloss, Friedrichs Charmeoffensive und meine kurz bevorstehende Abreise als Steilvorlage zu nutzen. Auch wenn ich lange nicht mehr geflirtet hatte, beschloss ich an diesem Abend zwischen Rosenbäumen und Inselwind, es endlich mal wieder zu tun.

»Das Beste kommt eben immer zum Schluss«, sagte ich.

Friedrich strahlte mich an. Auch ich konnte eine Charmeurin sein.

Als Friedrich mich am Ende des Abends nach meiner Handynummer fragte, flatterten schon seit Stunden mindestens ein Dutzend Schmetterlinge in meinem Bauch. Ich gab ihm meine

Nummer und er mir seine. Und als er mich zu meinem Hotel begleitete und mir zum Abschied ein Küsschen auf die Wange drückte, stand ich quasi in Flammen.

Falls Sie sich jetzt fragen, warum ich all das mit Ihnen teile: Ihre Lieblingspartnervermittlerin aus Hamburg befand sich kurz vor dem größten Mindfuck ihres Ü60-Lebens, ohne es auch nur zu ahnen.

Mit Schirm, Charme und Handy

Am nächsten Morgen versuchte ich, halbwegs konzentriert meinen Koffer zu packen. Meine Klamotten, mein Kosmetiktäschchen, Tiffys Bett, Tiffys Futter. Auch wenn draußen gerade erst die Sonne aufging und der Gin gestern wirklich gut geschmeckt hatte, so war das Packen nicht das Problem. Vielmehr tat ich mich schwer damit, nicht alle zehn Sekunden den Eingang meiner SMS und WhatsApp-Nachrichten zu überprüfen.

Auf dem Weg zur Fähre machte ich wie vereinbart an Katharinas Wohnung halt, um Tschüss zu sagen. Das Handy lässt du im Auto, dachte ich mir, um zumindest für ein halbes Stündchen Pause von meinem Handywahn zu haben. In der Sekunde, in der ich bei Katharina in die Einfahrt bog, kam sie schon aus der Tür gelaufen. Ich parkte, zog den Schlüssel, öffnete die Autotür.

»*Dadadada, dadadada, dadadada-dadada-dadadaaaaa!*«, schallte es mir entgegen. Katharina kam lauthals den Hochzeitsmarsch singend auf mich zu, immer einen Fuß neben den anderen setzend.

»Sag mal, spinnst du? Ich will den doch nicht heiraten!«, rief ich und stieg aus dem Auto aus.

»Und, und? Hat er sich schon gemeldet?«, fragte Katharina völlig unbeeindruckt.

»Jetzt fang du nicht auch noch an!«

»Gabi, ganz ehrlich, wie der dich gestern angeschaut hat! Hast du das eigentlich gemerkt?«

»Was, wirklich?«, fragte ich scheinheilig überrascht.

»Also jetzt hör aber auf, das hat jeder gestern gesehen. Der steht total auf dich!«

»Meinst du wirklich?«, schob ich nach. Diesmal nicht, um zu kokettieren.

»Ja, wirklich«, sagte Katharina und begrüßte jetzt Tiffy, die Schwänzchen wedelnd neben mir stand. »Jetzt sag, hat er schon geschrieben?«

Zu gerne hätte ich ihre Frage mit Ja beantwortet.

»Nein, hat er nicht. Und das ist doch komisch, oder?«

»Das ist gar nicht komisch. Weißt du was? Du schreibst ihm jetzt!«

Ich fragte mich, wer hier die Partnervermittlerin war. So euphorisch hatte ich meine Freundin lange nicht erlebt. Aufgeregt, widerwillig, müde und angeknipst zugleich holte ich mein Handy aus dem Auto und folgte Katharina ins Haus. So viele Gefühle auf einmal!

»Ja, und was schreib ich ihm jetzt?«, fragte ich, am Kaffeetisch in der Küche angekommen.

»Auf jeden Fall was Charmantes«, sagte Katharina, während sie für uns einen Espresso aus der Maschine ließ. »Mit Hafermilch?«

»Ja, bitte.« Wenigstens war ich noch imstande, kleine Alltagsentscheidungen allein zu treffen. Ich legte das Handy vor mich auf den Tisch und starrte auf das Display. Jetzt war ich seit ein paar Jahren Expertin und Beraterin für alles rund ums Verlieben und die Liebe und stand auf einmal selbst da wie der Ochs vorm Berg. Katharina platzierte mein Espressotässchen vor mir, schnappte mein Handy und schob es mir in die rechte Hand.

»Los. Ich sag dir, was du schreibst.«

Warum eigentlich nicht?, dachte ich. Besser als zu warten war es allemal. Ich öffnete WhatsApp und suchte in der Kontaktliste nach Friedrichs Namen. Als Profilbild prangte dort dasselbe Foto, das mir Katharina beim Frühstück gezeigt hatte. Dass ich mich wegen dieses Mannes wieder wie 18 fühlen würde, hätte ich vor zwei Tagen nicht gedacht.

»Pass auf«, sagte Katharina und fing an zu diktieren: »Lieber Friedrich, das war ein sehr schöner Abend gestern. Ich hoffe, du bist gut in deiner Ferienwohnung angekommen. Ich würde mich freuen, wenn wir das bald einmal wiederholen.«

Nicht zu schüchtern, nicht zu forsch, ja, mir gefiel dieser Entwurf. Schließlich hatte sich Friedrich gestern auch etwas getraut, als er mich nach meiner Nummer gefragt, mir Komplimente gemacht und dann auch noch das Küsschen aufgedrückt hatte.

Ich tippte also, wie mir geheißen.

»Mit Emoji?« Vielleicht wäre ein Zwinker-Smiley ganz gut, damit ich mir, falls keine Antwort kommen würde, einreden könnte, dass ich sowieso nichts von alledem ernst gemeint hatte. Oder besser ein Küsschen-Emoji ans Ende setzen? Damit er sich nicht veräppelt vorkam beim Lesen, sondern wusste, dass es mir ernst war? Hilfe!

»Nein, erst mal nicht«, sagte Katharina nach kurzem Überlegen entschlossen. »Erst, wenn ihr ein bisschen vertrauter seid. Und jetzt schick ab.«

Ich drückte auf den kleinen Pfeil – und *zack!* – weg war die Nachricht.

Ich legte mein Handy mit dem Display nach unten auf den Tisch. Okay, einatmen, ausatmen, einat … – *Ping!*

Hoppla! Was, wie?

»Ist er das etwa schon?«, fragte Katharina mit weit aufgerissenen Augen.

Ungläubig drehte ich mein Smartphone um. Tatsächlich! Es vermeldete eine Nachricht von Friedrich. Ich klickte auf Öffnen. Darin stand: »Das machen wir!«

»Das machen wir«, wiederholte ich Wort für Wort und ging am Ende mit der Stimme hoch. Wie, das war alles? Auch Katharina blickte etwas enttäuscht drein. Aber sie wäre nicht meine Freundin, wenn sie nicht eine Deutung parat hätte.

»Gabi, der ist nur ein bisschen eingerostet. Der hat sich vor Jahren von seiner Frau getrennt. Und seitdem hatte der nichts Ernstes. Wir legen noch mal nach!«

»Okay. Was schreiben wir?« Ich hatte Blut geleckt.

»Er weiß, dass du heute abreist, oder?«

Ich nickte.

»Gut. Du schreibst: ›Ich verlasse die Insel heute nur ungern.‹«

Ja, doch, Katharina verstand etwas vom Flirten. Die Idee hätte von mir sein können. Ich tippte und schickte ab.

Ob Sie es glauben oder nicht, auch die zweite Antwort hatte wieder kaum etwas mit dem charmanten und leicht draufgängerischen Friedrich vom Vorabend gemeinsam.

»Das ist schön. Hab eine gute Heimfahrt!« stand dort.

»Also, unkonkreter geht es ja wohl nicht, oder?«, sagte ich zu Katharina und pfefferte mein Handy so auf unser Kaffeetischchen, dass es knallte.

»Wer wird denn da gleich so nervös werden, Frau Partnervermittlerin?! Entweder hat er Schiss vor seiner eigenen Courage bekommen, oder er ist noch nicht ganz wach oder, oder, oder. Mach dir keinen Kopf. Ihr müsst euch erst mal kennenlernen.«

Meine Freundin hatte recht. Ein bisschen desillusioniert war ich trotzdem. Insgeheim hatte ich mir bereits ausgemalt, dass es im selben rasanten Tempo weitergehen würde. Mit viel Charme und Begeisterung und einer konkreten Antwort darauf, wann und wo wir uns wiedersehen würden.

Ich fühlte mich an meinen ersten Urlaubsflirt mit etwa 18, 19 Jahren erinnert. Damals war ich mit meinen Eltern in Griechenland, wo mir ein einheimischer Jüngling schöne Augen gemacht hatte. Unter griechischem Himmel hatten wir uns in die Hand versprochen, dass einer den anderen besuchen würde. Zurück in Deutschland, rief ich in Thessaloniki an und fragte: »*When will we meet again?*«. Auf meine Frage nach dem Treffen sagte er, dass es bestimmt bald klappen werde, er aber gerade seinen Kalender nicht zur Hand hätte. Weitere naive Nachfragen meinerseits erspare ich uns allen an dieser Stelle. Nur so viel: Es gab sie zur Genüge. Ich saß damals noch eine ganze Zeit lang Abend für Abend neben dem Festnetz meiner Eltern, bis sie irgendwann sagten, dass es ihnen leidtäte, sie aber nicht glaubten, dass er noch mal anrufen würde. Sie behielten recht.

Ja, ich fühlte mich gerne jung, aber bitte nicht Griechenland-jung, Anfang-30-jung würde es auch tun.

Die Begegnung mit Friedrich war beflügelnd und anregend gewesen. Wie es weitergehen würde, stand in den Sternen. »Mach dir keinen Kopf« – Katharinas Worte hallten nach, während ich auf der Fähre Richtung Festland schipperte. Seemeile für Seemeile gelang es mir ein bisschen besser. Kurz vor Hamburg fing es an zu regnen, und ich beschloss, von meinem Inselwochenende erst mal nur den frischen Wind mit in die Stadt zu nehmen. Zurück zu Hause warteten viele spannende Treffen und Aufgaben auf mich. Neue Kandidatinnen und Kandidaten, ein Vortrag auf einem Wirtschaftsforum und eine Social-Media-Strategie für den Instagram-Account von Hammer & Herz, die ich zusammen mit ein paar tollen jungen Expertinnen ausarbeiten durfte.

Natürlich erzählte ich Uta von meinem unverhofften Date. Wir freuten uns, dass wir zwei alte Hasen jetzt gleichzeitig einen Schwarm hatten, wobei Uta und ihr Dieter bereits in Gefilden unterwegs waren, von denen ich nur träumte. Doch was nicht war, konnte ja noch werden.

Friedrich und ich schickten regelmäßig nette kleine Nachrichten und Gedanken hin und her. Von »Hab einen schönen Tag!« über

»Gerade an dich gedacht« bis »Wie geht es Tiffy?«. Friedrich hatte früher selbst Hunde gehabt und war ein Tierfreund. Eine Gemeinsamkeit, die mir nicht ganz unwichtig war. In Sachen Kommunikation aber schienen wir völlig unterschiedlich zu funktionieren. Während ich in meinen Nachrichten eher Vollgas gab, schien er auf die Bremse zu treten, indem er beim Small Talk blieb. Bauch-Gabi fand das schade, doch Kopf-Gabi beschloss, diesem Eindruck erst mal nicht allzu viel Raum zu geben.

Spektakulärer wurde die Nachrichtenlage, als Friedrich eines Tages schrieb, dass er in zwei Wochen für einen Termin in Hamburg wäre. »Ich würde mich freuen, dich zu treffen« stand am Ende seiner Nachricht. Mein Herz machte einen kleinen Hüpfer wie zuletzt an dem Abend auf Katharinas Terrasse.

»Mach dich rar, sei ein Star« – kennen Sie diesen Spruch? Strategiedenken hat beim Dating und beim eventuellen Verlieben nichts verloren, aber ein bisschen Poker ist erlaubt. Ich antwortete Friedrich also erst am Abend, obwohl ich für mich sofort entschieden hatte, Ja zu einem Treffen mit ihm zu sagen.

Unterwegs Richtung Wolke 70

Morgens nahm ich extra viele Termine wahr, damit ich weniger Zeit hatte, aufgeregt zu sein. Am Nachmittag stieg ich dann mit angenehm kribbelndem Herzklopfen in ein Taxi Richtung Hamburger Innenstadt. Die Wettergötter schenkten uns Sonne satt. Ich trug ein kurzes Sommerkleidchen mit orangefarbenen und roten Blüten, die Sonnenbrille im Haar und fühlte mich so leicht wie sonst nur im Urlaub. »Vergiss nicht, dass du Ü60 und nicht U20 bist«, »Du hast schon ganz andere Sachen erlebt«, »Dating soll Spaß machen und keinen Stress verursachen«. Bis hierhin gelang es mir, meine eigenen Tipps weitgehend zu beherzigen.

Zur Begrüßung umarmten wir uns lang und ausgiebig. Friedrichs Locken dufteten gut, und ich bildete mir ein, dass sein Herz auffällig schnell schlug. Ich konnte mir ein Grinsen nicht verkneifen. Zuerst suchten wir die Terrasse meines Lieblingscafés am Alsterufer auf, doch die Hitze machte uns zu schaffen.

»So viel Sonne, das macht mein Kreislauf nicht mehr mit, du«, sagte Friedrich.

Und ich darauf: »Meiner auch nicht!«

Wir mussten lachen.

»Wir jungen Hüpfer«, sagte er und nahm meine Hand. Es fühlte sich überraschend vertraut an.

Als Nächstes enterten wir eine gut klimatisierte und gemütlich (!) eingerichtete Hotellobby. Das Hotel warb mit Afternoon Tea inklusive Scones. Friedrich war, genau wie ich, ein Fan der englischen Teekultur. Wir nahmen in einer der schicken Sitzecken Platz und bestellten zwei Gedecke. Wenn es um Gaumenfreuden ging, waren wir uns einig. Wir plauderten ohne Punkt und Komma, als wären wir alte Freunde. Und manchmal hielten wir etwas länger Augenkontakt als nötig.

Als ich kurz um die Ecke verschwand, um mich frisch zu machen, sah ich im Waschspiegel, dass meine Wangen glühten. Lag es am Hamburger Sommer oder doch an der Chemie zwischen Friedrich und mir? Der Mindfuck der vergangenen Wochen war vergessen und ich auf dem besten Weg in Richtung Wolke sieben. Oder treffender gesagt: in Richtung Wolke 70. Friedrich war bereits 74, was man ihm überhaupt nicht ansah.

Zurück in unserer Sitzecke, erzählte er, dass er sich im Laufe dieses Jahres zur Ruhe setzen wollte. Von meinem unternehmerischen Tatendrang war er trotzdem beeindruckt. Es war mir wichtig, dass ein Mann verstand, wie viel Lebensfreude ich aus meinen Aufgaben zog. Er hingegen wollte in nächster Zeit viel auf Reisen gehen, Ende des Monats stand eine Asienreise mit seinem Sohn an. Als passionierte Weltenbummlerin fand ich seine Reiselust prima.

Unser gemeinsamer Tag verlief mühelos schön. Und weil ich keine weiteren Termine hatte, wollte ich Friedrich vorschlagen, noch ein frühes gemeinsames Abendessen in Erwägung zu ziehen. Gerade als ich ihm meine Idee unterbreiten wollte, fragte er: »Darf ich dich noch zu einem gemütlichen Dinner ausführen?«

»Ob du es glaubst oder nicht: Ich wollte dich gerade dasselbe fragen«, sagte ich.

Ich weiß nicht, wer von uns beiden breiter strahlte.

Ganz Gentleman, setzte mich Friedrich nach dem Essen noch zu Hause ab. Und wieder gab es ein Küsschen. Diesmal sogar auf den Mund. Dieser Mann konnte nicht nur zuhören, charmant sein und die richtigen Fragen stellen – küssen konnte er auch noch! Ich schwebte förmlich in meine Wohnung. So federleicht hatte ich mich lange nicht gefühlt.

Schwebezustände aller Art

Eine Weile trug mich dieses Sommerglück noch auf seinen Schwingen durch die Tage. Ich wachte morgens energiegeladen auf, drehte mit Tiffy beschwingt die erste Morgenrunde, sogar die Buchhaltung und die Gespräche mit dem Steuerberater gingen mir leicht von der Hand. Doch dann gesellte sich zu meiner Euphorie und den Schmetterlingen im Bauch – na, was? Genau, nervöses Gedankenwirrwarr rund um diesen Mann, der mir ein bisschen den Kopf verdreht hatte.

Unsere Kommunikation war auch nach unserem Kuss im Auto spärlich und meistens an der Oberfläche geblieben. Es wirkte so, als wäre er nur dann ganz da, wenn er leibhaftig vor mir saß. Sobald wir wieder aufs Handy angewiesen waren, tauchte er ab und immer nur dann kurz auf, wenn er es eben wollte. Meine Gedanken schwirrten umher: Meldet er sich, meldet er sich nicht, wann meldet er sich, wie melde ich mich? Was ist das mit uns beiden hier? Und haben wir beide überhaupt eine Zukunft? Als ich das letzte Mal in einem so ungewissen Schwebezustand war und nicht wusste, ob oder ob nicht, war ich 49 Jahre alt gewesen. Logisch, dass mich das ganze Trara überforderte. Meine Hormone tanzten Tango mit mir – viel zu schnell, aus dem Takt und ohne dass ich sie dazu aufgefordert hatte. Das blieb auch nach dem dritten und vierten Date mit Friedrich so.

Wären Smartphones niemals erfunden worden und es gäbe nur Telefone mit Schnur, vermutlich hätte ich zu Hause gehockt und auf seinen Anruf gewartet – wie die 18-jährige Gabi nach ihrem Griechenlandurlaub. Stattdessen überprüfte ich alle paar Minuten, ob ich Netz hatte und kaufte mir zur Beruhigung in der Apotheke Kapseln mit Johanniskraut.

»Dein Kopf ist total Karussell, oder?«, fragte mich mein guter Freund Sven, als wir beim Hundespaziergang an der Alster entlangschlenderten.

»Was ist mein Kopf?«

»Na ja, dieses Gefühl, dass du nicht mehr weißt, wo oben und unten ist. Du fragst dich die ganze Zeit, was der andere denkt und warum er sich nicht meldet. Und dabei verlierst du völlig aus den Augen, was *du* eigentlich willst. Wie Achterbahn fahren. Oder Wilde Maus.«

Diese Beschreibung traf es ziemlich gut. Das ungefähr war mein Gemütszustand.

»Ich schlafe sogar unruhig«, gestand ich Sven. »Kannst du dir das vorstellen?«

»Na ja, zumindest passt das nicht zu dir. So ein nervöses Ding bist du doch sonst nicht.«

Sven war ein eher rationaler Typ. Als sein heutiger Mann Daniel, bevor die beiden sich im Museum unsterblich ineinander verliebten –

Sie erinnern sich –, sich zwei Wochen lang nicht mehr bei ihm gemeldet hatte, hatte Sven es einfach ausgesessen. Ohne Beruhigungskapseln, ohne schlaflose Nächte. Ganz nach dem Motto: Wenn er mich nicht will, dann hat er Pech gehabt. Beneidenswert. Auch ich hatte in meinem Leben schon Bindungen gehabt, in denen ich gelassener geblieben war. Warum fiel mir das mit Friedrich so schwer?

»Du bist Kopfmensch, du betrachtest solche Dinge sachlicher«, sagte ich zu Sven.

»Und du der Bauch-Typ, ich weiß. Aber du bist auch eine gestandene Frau«, sagte er und fasste mich am Arm. »Wo ist die Gabriele Pochhammer hin, die sagt, dass Dating Spaß machen soll?«

Mein lieber Freund hatte ja so recht. Dating soll Spaß machen, nicht Stress verursachen. Das waren immer meine Worte gewesen, und meine Überzeugung war es nach wie vor. Das erste Kennenlernen, der erste Kuss, das erste Verlieben mit Ü60 sollte sich leicht anfühlen. Die großen Lebensentscheidungen von Hochzeit bis Familiengründung hatten wir ja schon hinter uns. Was wir jetzt wollten, war die Kirsche auf der Torte, und zwar gerne reif und süß. Ich hingegen hielt mich seit meiner Inselauszeit viel zu lange von der sonnigen Seite des Lebens fern. Es war Zeit zurückzukehren und dem Mindfuck ein Ende zu setzen. Auch wenn ich gern mit dem Bauch entschied, bei dem immer wieder auf- und abtauchenden Architekten war es angebracht, Herz und Hormone für den Moment hintanzustellen und das Hirn einzuschalten.

Dank meines Freundes Sven hatte ich mich bereits ein bisschen aus der unguten Gedankenspirale herausmanövriert. Womit wir beim ersten Schritt wären: Bleiben Sie nicht allein mit Ihren Ideen und Sorgen rund um Ihr Objekt der Begierde. Sprechen Sie mit einer vertrauten Person darüber, wie Sie die Situation zwischen Ihrem Schwarm und sich empfinden, was Sie sich wünschen oder was Sie befürchten, und vor allem auch, was die Fakten sagen. Die Betonung liegt hierbei auf der *einen* Person. Denn wenn Sie zehn Menschen fragen, bekommen Sie zehn Meinungen – und dann schwirrt Ihnen der Kopf schon wieder. Zu viele Köche verderben den Liebesbrei, und das wollen wir nicht.

Eine Person Ihres Vertrauens bringt gleich mehrere Vorteile mit: Sie kennt Sie gut, weiß um Ihre Stärken, und Ihr Wohl liegt ihr am Herzen. Ebenso weiß sie um die Schwächen, und das ist gut so. Und weil sie nicht selbst involviert ist, sieht sie manche Dinge vermutlich klarer als Sie selbst. Dieser Blick von außen kann bereichernd sein. Das heißt nicht, dass Sie blindlings das tun sollten, was Ihre Person des Vertrauens tun würde. Aber Sie können diese Perspektive in Ihre einberechnen und so ein wenig am Ergebnis drehen.

Sobald das Hirn mitentscheidet, ist nicht mehr nur Raum für »Das war der beste Kuss meines Lebens!« oder »Aber wir passen doch so gut zueinander!«, sondern auch für das, was ist. Machen zum Beispiel immer Sie den ersten Schritt, und von der anderen Person kommt eher wenig? Müssen Sie sich allzu sehr verbiegen, um mit Ihrem Schwarm auf einen Nenner zu kommen? Sind vielleicht eher ins Verliebtsein verschossen als in den Menschen selbst?

Mindfuck ist normal

Forscherteams haben herausgefunden, dass es den meisten Menschen gleich geht: Das Hirn spielt tatsächlich verrückt, wenn wir frisch verliebt sind. Sie fanden auch heraus, dass die Gehirntätigkeit von Verliebten oft Parallelen zu einer Zwangsstörung zeigt.[1] Ich überlege noch, ob uns diese Erkenntnis beruhigen oder eher zu denken geben sollte.

Ich für meinen Teil realisierte mit ein wenig Abstand, wie unterschiedlich der Architekt und ich tickten. Er legte Wert auf Traditionen, ich begab mich gern auf die Suche nach Neuem, Unbekanntem. Er blieb gern für sich, ich liebte es, Gastgeberin zu sein. Er war rational, ich emotional. Er war zurückhaltend, ich leidenschaftlich. Nichts hiervon war besser oder schlechter, es war nur an vielen Stellen nicht deckungsgleich. Nachdem ich die rosarote Brille ab- und die Lesebrille aufgesetzt hatte, fühlten sich diese Erkenntnisse erlösend an. Ich fing an, mich zu fragen: Ziehen sich Gegensätze wirklich an? Und wenn ja, ab welchem Punkt werden Unterschiede zwischen zwei Menschen plötzlich anstrengend?

Die einzige Regel dabei ist, dass es keine Regeln gibt. Wenn zwei Menschen sich wirklich mögen, so scheint es mir, kann es kaum einen Schatten geben, über den man nicht springt. Bei meiner Arbeit in der Partnervermittlung sind schon die wunderbarsten Sachen geschehen: Da waren etwa ein passionierter Backpacker, der trotz seines hohen Alters am liebsten im Zelt Urlaub machte oder in seinem ausgebauten Camper schlief, und eine strikte Hotelgängerin, für die eine gute Matratze und eine große Spa-Landschaft unverzichtbar gewesen waren. Sie würden nicht glauben, wie schnell diese Dame auf einmal ihren Rucksack packte, nur weil sie sich bis über beide Ohren in den Mann mit dem Camper verknallt hatte. Dieses Pärchen führt heute übrigens eine Beziehung wie aus dem Lehrbuch der Kompromisse: Einmal im Jahr wird wildromantisch gecampt und einmal im besten Haus am Platz genächtigt.

Während ich bei meinen Kandidatinnen und Kandidaten Gespür für das richtige Maß an Gemeinsamkeiten und Unterschieden bewies, blieb die Sicht auf meine eigene Liebesangelegenheit weiter vernebelt. Hätte der Architekt mich nach dem zweiten Date gebeten, mit ihm nach Las Vegas zu fliegen – ich hätte es glatt getan. Nach dem fünften Treffen hingegen fragte ich mich: Konnte ich mir mit diesem Mann wirklich eine Beziehung vorstellen?

Manchmal quält einen das eigene Köpfchen ja auch, weil es vorsichtig anklopfen und einem etwas mitteilen möchte: »Du willst zwar unbedingt, dass das hier passt. Aber vielleicht passt es ja doch gar nicht so gut?«

War es Fluch oder Segen, dass der Architekt und ich keine jungen Hüpfer mehr und deshalb vielleicht auch nicht zu vielen Kompromissen bereit waren? Kopf und Herz gaben sich bei mir die Klinke in die Hand, und für mich stand erst mal nur eines fest – ich brauchte noch Bedenkzeit.

Einer Sache immerhin war ich mir nach diesem turbulenten Sommer mit dem Architekten sicher: Wenn der Kopf verrücktspielt, dann sollten wir nicht alles glauben, was wir denken.

»Yes Sir, I can boogie,
but I need a certain song«

Baccara

Sexting, Nudes und One-Night-Stands Oder: Die wilden Jahre fangen jetzt an!

Vom Flirty Talk zum Dirty Talk: Sexuelle Vorlieben verschwinden nicht, nur weil wir jenseits der 50 oder der 60 leben und lieben. Eventuell haben sie sich aber ein bisschen verändert und tragen einen anderen Namen als damals. Wie Sie sich im Begriffsdschungel der Lust zurechtfinden und nebenbei womöglich noch etwas Neues für sich entdecken, erfahren Sie in diesem Kapitel.

»Wenn du ihm auf WhatsApp schreibst, wie heiß dich der Gedanke an eure letzte gemeinsame Nacht macht, dann nennt man das Sexting«, erklärte Utas Tochter Clara, während sie sich eine Zigarette drehte.

»Das ist ein bisschen wie Dirty Talk, oder?«, fragte ich.

»Ja, ein bisschen so, aber eben digital.«

»Dann hab ich das schon gemacht, ohne es zu wissen«, sagte ich, nicht ganz ohne augenzwinkernden Stolz.

»Sexting?«, fragte Clara.

»Ja. Dirty Talk sowieso. Gibt's ja schon ewig.«

»Sag jetzt bitte nicht: Ich habe schon Dirty Talk gemacht, da war der Begriff überhaupt noch nicht erfunden.«

»OK, sag ich nicht. Auch wenn's stimmt.«

Clara grinste.

»Aber dieses Sexting kenn ich erst seit diesem Sommer, auch wenn ich nicht wusste, dass das einen Namen hat«, schob ich hinterher.

Uta sah mich erstaunt an. »Wie jetzt?! Mit dem Architekten, oder was? Davon weiß ich ja gar nichts!«

»Du weißt eben auch nicht alles. Du glaubst ja wohl nicht, dass wir immer nur Afternoon Tea trinken und Scones essen!«

»Na, dann hätten wir das ja jetzt geklärt«, sagte Clara, noch breiter grinsend als vor ein paar Minuten. »Nehmt ihr auch noch einen Cappuccino?«

»Deine Mutter verschickt übrigens auch manchmal kleine schmutzige Texte mit dem Handy. Nur damit du's weißt!«, entgegnete Uta etwas lauter, als auf der halb leeren Terrasse des Cafés angebracht.

»Danach hab ich aber nicht gefragt, Mutter«, sagte Clara und stand auf. »Ich hol jetzt noch 'ne Runde, und dann muss ich los.«

Clara hatte vor Kurzem ihre erste Stelle in einem Radiosender angetreten und dort die Mittagsschicht übernommen. Arbeitsbeginn um sage und schreibe 10 Uhr.

»Dein Leben möcht' ich haben, Kind!«, rief Uta und legte mit einem Kopfschütteln nach. Clara zuckte mit den Schultern.

Wir drei trafen uns in unregelmäßigen Abständen morgens in einer kleinen Café-Bar, die zwischen Utas und meiner Wohnung lag. Ich genoss den morgendlichen Kaffeeklatsch zu dritt, weil es mit den beiden immer lustig war und Clara frischen Wind reinbrachte. Offenheit bedeutet für mich auch, etwas von der Lebenswelt jüngerer Menschen mitzubekommen. Mal plauderten wir über die Bezirkswahlen in Hamburg, mal über die neueste Boutique am Ballindamm und heute eben aus diversen aktuellen Anlässen über verruchte Nachrichten, bei denen es im Schoß kribbelt.

Der Hamburger Spätsommer bescherte uns in diesem Jahr viele milde Tage. An diesem Morgen konnten wir sogar draußen sitzen und ein paar Sonnenstrahlen stibitzen. Auch Uta hatte sich im Stuhl zurückgelehnt, ihren Kopf in die Sonne gestreckt und die Augen geschlossen. Ich blinzelte in den blauen Himmel und dachte an meine Tage auf der Insel zurück. Wie schnell sich die Dinge doch ändern konnten. Als ich angereist war, hatte ich mich allein so wohl und angekommen wie schon ewig nicht mehr gefühlt. Und jetzt? Jetzt gab es da auf einmal einen Mann in Berlin, der mir den Kopf verdreht hatte. Bis zu unserem nächsten geplanten Treffen waren es noch ein paar Tage, und ich wollte nicht mehr so viel Was-wäre-wenn-Varianten wälzen.

»Wusstest du denn, dass das Sexting heißt?«, fragte ich Uta. Hätten Max und ich nicht zusammengewohnt, hätten wir das sicher auch praktiziert.

»Nee. Ich hab da aber auch noch nie drüber nachgedacht, ehrlich gesagt. Ich hab's einfach gemacht.«

»Und schreibst du öfter so mit Dieter?«

»Manchmal.« Auf Utas Gesicht machte sich ein schelmisches Lächeln breit.

Clara kam mit einem Tablett auf uns zu, auf dem sie die drei übervollen Kaffeetassen jonglierte.

»Muss ich dir mal in Ruhe erzählen«, sagte Uta in meine Richtung gelehnt.

»Ladys, seid ihr etwa immer noch beim Sexting?«, fragte Clara und konnte sich ein Kopfschütteln nicht verkneifen.

»Nö, schon längst beim Dirty Talk!«, raunzte ich sie mit einem Augenzwinkern an.

Wir lösten unsere kleine Kaffeerunde auf, als Clara losmusste.

Auf Uta wartete Dieter und auf mich ein voller Tag inklusive Vorstellungsgespräch mit einer potenziellen neuen Mitarbeiterin für die Partnervermittlung.

»Was hast du gerade an?«

Mit meinem Halbwissen über heiße Kurznachrichten setzte ich mich abends noch mal an den Laptop. Ich wollte mehr wissen über das, was viele von uns instinktiv mit ihrem Partner oder Liebhaber taten, ohne zu wissen, dass es dafür einen Begriff gab. »Beim *Sexting* werden über Messaging-Dienste oder SMS intime Nachrichten oder Fotos, sogenannte *Nudes,* für Nacktbilder, versendet«, stand im Netz. So weit die Definition. Den Austausch von pikanten Nachrichten fand ich schon länger aufregend, lange bevor es Smartphones gab. Damals war das etwa ein Kussmund mit rotem Lippenstift am Badezimmerspiegel, den ich nach einem romantischen Abend hinterließ. Oder ein abgerissenes Stück Papier auf dem Kopfkissen oder dem Nachttisch mit »Kann's kaum erwarten, dir heute Nacht wieder die Kleider vom Leib zu reißen!« Ich könnte mich nicht entscheiden, was mehr Spaß machte: solche kleinen Botschaften zu hinterlassen oder sie zu empfangen. Ein bisschen vermisste ich die Zeiten vor dem Smartphone jetzt doch.

Zumindest haben in Deutschland 41 Prozent der 18 bis 85-Jährigen schon einmal Sexting-Nachrichten geschickt oder erhalten[1], sagen die Zahlen. Die Vorteile liegen auf der Hand. Zwei Menschen können sich austauschen, auch wenn sie nicht am selben Ort sind. Sie können sich gegenseitig mit Nachrichten überraschen, die ihnen wohlige Schauer bescheren, und sich langsam und genüsslich auf Betriebstemperatur bringen, bis sie sich wiedersehen. Eine Art digitales Vorspiel, das sich zu einem späteren Zeitpunkt entladen darf. Oder es mündet in eine Runde erfüllenden Solosex – oder beides.

Nach meiner Recherche war ich bestens im Bilde. Clara und ich hatten nicht ganz richtiggelegen, dass Sexting digitaler Dirty Talk wäre. Man kann die heißen Kurznachrichten auch als Vorstufe von Dirty Talk sehen, denn dieser findet ja im Eifer des Gefechts und von Angesicht zu Angesicht statt. Beim Sexting hat man immer noch einen kleinen Schutzschild, hinter dem man sich verstecken kann: das Smartphone. Ein Vorteil, wenn man sich erst mal langsam an die prickelnde Tonalität à la »Was hast du gerade an?« herantasten möchte.

Falls es Ihnen beim Lesen dieser Zeilen bereits die Schamesröte ins Gesicht treibt, bleiben Ihnen jetzt zwei Möglichkeiten. Entweder kneifen Sie die Augen zusammen und überblättern den hier folgenden Wortwechsel – was wirklich ein Jammer wäre. Oder Sie öffnen genau jetzt die Tür zum Thema Sexting einen Spaltbreit und lassen sich inspirieren. Ob Sie durch diese Tür hindurchtreten, können Sie dann immer noch entscheiden.

»Das Ganze hat angefangen, als ich neulich zwei Tage in Kiel war«, erzählte Uta bei unserem nächsten Kaffeeklatsch, diesmal ohne ihre Tochter. Ihre ältere Schwester, die nicht mehr ganz so fit war, lebte dort, daher fuhr Uta regelmäßig hin.

»Als ich abends in meinem Hotelbett lag, ging's dann irgendwie los, ich weiß auch nicht, wie das kam.«

»So hätte ich Dieter gar nicht eingeschätzt«, sagte ich. Was für eine Entwicklung – vom Kaktusschenker zum digitalen Heißblüter. Letzteres behielt ich allerdings für mich.

»Doch, doch«, erzählte Uta. »Zuerst fragte er, wann ich wieder in Hamburg sei, er würde mich nämlich vermissen. Und darauf schrieb ich, dass es mir genauso ginge, dass ich aber in zwei Tagen schon wieder zurück sein würde. Und dann schrieb er – warte, ich lese es dir vor.«

Uta begann, aufgeregt in ihrem Handy zu scrollen.

»Er so: Dauert viel zu lange. Lass uns die Zeit doch mit etwas Schönem überbrücken. Da ist mir kurz ganz warm geworden! Ich ahnte schon, in welche Richtung er will. Ich hab ihm aber erst mal ein Foto von meinem Blick aus dem Zimmer geschickt, schönes Hafenpanorama. Und dann er so: Guter Ausblick! Aber ich hätte jetzt lieber Einblicke, und zwar bei dir. Und ich darauf: Welche Einblicke denn? In meine Feuchtgebiete etwa?«

Uta kicherte. So offensiv kannte ich meine Freundin.

»Ich weiß auch nicht, wie das kam?«, wiederholte ich Utas Worte vom Anfang unserer Unterhaltung. »Ich würde sagen, mit den Feuchtgebieten hast *du* da was losgetreten, meine Liebe. Keine falsche Bescheidenheit!«

»Kann schon sein … Bei ihm gab's dann jedenfalls kein Halten mehr. Bei mir aber auch nicht.«

In diesem Moment war ich dankbar für das Vertrauen zwischen Uta und mir und fand es fantastisch, dass wir so frei und offen über dieses Thema sprechen konnten.

»Und Gabi, das Ganze war so schön und aufregend, dass wir am nächsten Morgen direkt Fortsetzung gefeiert haben«, erzählte Uta weiter. »Diesmal hat er aber angefangen. Warte.«

Uta scrollte wie wild in ihrem Smartphone.

»Da überspringst du jetzt aber gerade ein paar Nachrichten.«

»Ja. Ein paar sind nicht ganz jugendfrei.«

»Ich weiß, dass ich heute frisch aussehe, aber so frisch?!«

Wir prusteten los, sodass sich eine junge Frau vom Nebentisch umdrehte.

»Ich hab die Stelle! Pass auf«, sagte Uta. »Also. Er: Einen wunderschönen Guten Morgen. Ich liege frisch geduscht auf dem Bett. Und du? Und darauf ich: Ich bin auch schon geduscht. Ziehe mich gerade an und habe schon wieder ganz wilde Gedanken. Flammendes-Herz-Emoji. Und er: Erzähl mal. Das dauert alles viel zu lange. Und ich so: Was, das Anziehen? Er: Nein, bis wir wieder übereinander herfallen können.« Uta hielt inne und lächelte verschmitzt. »Und dann hab ich ihm was verraten.«

»Jetzt mach's nicht so spannend. Was, was?«

»Dass mich unser Schreiben am Abend so angemacht hat, dass nachts noch die Erotik bei mir zu Besuch war. Und was meine Hände alles so entdeckt haben und was seine Hände alles an mir noch entdecken könnten.« Uta hatte beim Erzählen rote Wangen bekommen.

»Du bist jetzt Expertin für Sexting, würde ich sagen. Gut, dass du diese Anekdote deiner Tochter neulich erspart hast!«

»Oh Gott, ja, das arme Kind!«, rief Uta.

Wir brachen in schallendes Gelächter aus.

»Was wirst du jetzt mit mir anstellen?«

Sexting gehört inzwischen zum Liebesleben wie der Michel zu Hamburg, so viel steht fest. Auch zu Ihrem?

Bei intimen Fotos, sogenannten Nudes, ist bei mir Schluss. Heiße Sätze, warum nicht, aber Fotos von meinen intimsten Körperstellen? So weit kommt's noch! Ich für meinen Teil würde keine derart privaten Bilder über den Äther senden. Was, wenn der Empfänger sie weiterschickt? Oder der Ort, an dem sie gespeichert sind, gehackt wird? No, thanks! Die Zettelchen finde ich persönlich nach wie vor wesentlich romantischer und kein bisschen weniger leidenschaftlich – und in Zeiten von Cybermobbing zudem ungefährlicher.

Lassen Sie uns das Smartphone beiseitelegen und zurück ins Schlafzimmer kommen. Und damit zu der Frage: »Was wirst du jetzt mit mir anstellen?« Womit wir auch schon mittendrin wären im Dirty Talking. Laut Umfragen soll es 90 Prozent der Menschen erregen, wenn ihnen der Liebste oder die Liebste sinnliche Schwüre und anrüchige Ansagen ins Ohr flüstert. Wenn Sie auch auf solches Bettgeflüster stehen, kann es für eine unglaubliche Nähe zum Intimpartner sorgen. Auch weil es mehrere Sinne anspricht und stimuliert. Ein mit warmer Stimme ins Ohr gehauchtes »Nimm mich« hat die eine oder den anderen schon in den siebten Sexhimmel befördert. Je nach Klangfarbe und Tonfall mal zart, mal hart.

Die Lust am Wort lässt sich individuell ausgestalten. Falls Sie noch nie »dirty getalkt« haben: Der Einstieg ist einfacher als gedacht. Von erotisierenden Liebesschwüren über mehrdeutige Bemerkungen bis hin zu herrlich frivolen Reizwörtern ist alles, was den Beteiligten gefällt, erlaubt. »Ich stehe auf dein Stöhnen«, »Dein Po macht mich verrückt«, »Gib mir deinen Schwanz« – hier macht der Ton die Musik. Oder besser gesagt, er bestimmt, ob die Verbalerotik unsere Lust steigert oder eher einen abtörnenden Effekt hat. Rennt er bei Ihnen offene Türen ein, wenn er Ihren »Po« kneten will, oder soll es doch lieber der »Arsch« sein? Gefällt Ihnen das Wort »Schwanz« oder schrecken Sie dabei eher zurück? Dann verwenden Sie »Penis« oder »bestes Stück«. Regt Sie eine sanfte, flüsternde Stimme an, oder mögen Sie handfeste Ansagen? Vielleicht mögen Sie ja auch die Kombination, zuerst zart, dann hart. Wichtig ist, dass Sie für sich klären, was Ihnen gefällt, und es Ihr Gegenüber wissen lassen, etwa durch Zustimmung, Bestätigung oder lustvolles Stöhnen. Andersherum müssen auch Sie den Ton finden, in dem Sie sagen, was Sie jetzt gerne tun würden. Es empfiehlt sich, mit einer sachten Wortwahl zu beginnen und sich langsam zu steigern. Sex muss übrigens keine logische Folge des Dirty Talks sein, es darf auch bei einem erfüllenden Vorspiel bleiben.

Positives Kopfkino

Sollten Sie sich in Ihre wilden Zeiten zurückversetzt fühlen, umso besser. Falls Sie gerade erst loslegen und sich fragen, wie Sie Ihr erstes Mal angehen, auch gut. Denn: Sie sind Ihrem ersten Dirty Talk vielleicht näher, als Sie denken. Alles fängt mit Ihrem persönlichen Kopfkino an.

Nehmen Sie sich ein paar Minuten Zeit und stellen Sie sich vor, was Sie anmacht oder was Sie sich im Bett schon lange wünschen. Eventuell ploppen dabei nicht nur Bilder, sondern auch direkt Worte für Handlungen oder Körperstellen auf, mit denen Sie Ihr Kopfkino verknüpfen würden. Dies werden vermutlich automatisch Bezeichnungen sein, die sich für Sie wohlig, lustvoll und stimmig anfühlen. Wenn Sie Ihre Tonalität gefunden haben, ist der erste Schritt getan. Jetzt müssen Sie das Ganze »nur noch« aussprechen. Auch wenn sich da erst mal eine kleine Ladehemmung ankündigt: Es gibt nichts Gutes, außer man tut es. Probieren Sie es einfach aus. Sie können Ihre schön-schmutzigen Sätze etwa in ein Kompliment verpacken (»Ich mag es, wenn du …« oder »Es macht mich total an, wenn wir …«). Oder Sie zapfen Ihre Fantasie oder innersten Geheimnisse an und formulieren, was Sie wollen. Seien Sie dabei direkt. Ein »Ich will« klingt im Kontext der Lust sinnlicher und leidenschaftlicher als »Hätte, hätte, Fahrradkette«.

Sie wollen, dass er Ihnen die Augen verbindet? Sagen Sie es. Sie wollen ihm die Kleider vom Leib reißen? Dann sagen Sie ihm, dass Sie genau das gleich tun werden. Übrigens: Fortgeschrittene Dirty Talkerinnen sehen ihm dabei eindringlich in die Augen.

Erotische Inspiration

Sollten Sie Anregungen für kleine verbale Frivolitäten brauchen, schmökern Sie doch mal in erotischer Literatur. Diese kann überaus inspirierend sein, um sich auch verbal weiterzubilden. Ob *Fifty Shades of Grey* von E. L. James, *Das Delta der Venus* von Anaïs Nin oder *Elf Minuten* von Paulo Coelho, um nur ein paar Beispiele zu nennen.[2]

Wort-Schätze

Wenn Ihr neuer Partner von Vanilla spricht, geht es nicht zwingend ums Eisessen. Und wenn Sie Ihre Online-Bekanntschaft nach Ihrem Kink fragt, wüssten Sie dann, was gemeint ist? Damit es keine Missverständnisse gibt, folgt an dieser Stelle ein Potpourri an erotischen Wortschöpfungen und ihrer Bedeutung.

Während in den 1970er-Jahren noch vom »Schäferstündchen« die Rede war, wenn zwei sich miteinander verzogen, um Spaß zu haben, verwendet man heute eher den englischen Begriff »One-Night-Stand«, wobei man vor allem oft die Abkürzung ONS liest. Während für mein Empfinden beim Wort Schäferstündchen die Möglichkeit besteht, dass daraus mehr werden könnte, benennt der One-Night-Stand, dass hier (voraussichtlich) etwas Einmaliges stattfindet. Ob etwas Einmaliges für Sie reizvoll ist, entscheiden allein sie. »Weibliche Nacktheit muss man den Männern mit dem Teelöffel geben, nicht mit der Schöpfkelle«, sagte Mode-Ikone Coco Chanel einst. Das muss irgendwann vor 1971 gewesen sein, denn in diesem Jahr verstarb die Designerin. Ob ihre Überzeugung gut gealtert ist? Entscheiden Sie selbst.

Erinnern Sie sich noch an die Bezeichnung »Blümchensex« für eher zärtlichen, herkömmlichen Sex? Wenn Sie in Zukunft irgendwo die Bezeichnung »Vanilla-Sex« lesen oder hören, dann ist genau das damit gemeint – die gute alte Missionarsstellung ohne weitere Experimente oder Kinks. Wobei wir gleich bei der nächsten Vokabel wären: Als Kink oder Kinky Sex bezeichnet man sexuelle Vorlieben, die als eher ungewöhnlich eingestuft werden. Darunter fiele etwa mein erster männlicher Anrufer bei der Partnervermittlung mit seiner Vorliebe für Füße. Ein Kink, früher auch als Fetisch bezeichnet, wird als Gegenteil zu Vanilla-Sex gesehen.

Wenn es um sexuelle Faibles aus der Mitte der Gesellschaft geht, etwa Dessous, Rollenspiele oder der sexy Einsatz von Handschellen, können wir diese weiterhin getrost als »Vorlieben« bezeichnen.

Dafür tragen so manche Sexstellungen Namen, die durchaus zum Schmunzeln anregen, zum Beispiel die »Wiener Auster«, bei der die Frau ihre Beine über die Schultern des Mannes legt. Nicht förderlich, wenn man es im Rücken hat, aber für die Chance auf den weiblichen Höhepunkt – googeln Sie mal nach Illustrationen, dann wissen Sie, was ich meine. »Von hinten« nennt man heute »Doggy-Style«, weil die Stellung an zwei Hunde erinnert, einen festen Klaps auf den Hintern »Spanking« und sein bestes Stück kurz und knapp »D« (englisch ausgesprochen, da es von *dick* für Penis kommt). Und wenn an einem Mann Oralsex vollzogen wird, ist das ein »Blowjob«, wobei sich diese intime Praktik im besten Fall nicht wie Arbeit anfühlen sollte, für keinen von beiden.

Was sich sprachlich auch weiterentwickelt hat, sind Bezeichnungen für Männer und Frauen im Liebe-Sex-und-Zärtlichkeiten-Dschungel. So nennt man einen älteren Mann, der eine sehr viel jüngere Frau mit teuren Geschenken überhäuft, einen »Sugar-Daddy«. Umgekehrt gibt es natürlich auch die »Sugar-Mommys«. Ich frage mich: Was passiert, wenn sich ein Sugar-Daddy und eine -Mommy ineinander verlieben – steigt dann der Insulinspiegel an? Wobei es vermutlich sowieso nie dazukäme, weil beide aufgrund ihres Alters ja gar nicht aneinander interessiert wären.

Als Garant für erfüllenden Solosex bei Frauen kursiert heute immer öfter das Wort »Satisfyer« vom englischen *to satisfy* für befriedigen. Hierbei handelt es sich um spezielle Sextoys für Frauen. Wenn Sie also mitreden wollen: Man würde heutzutage eher fragen »Hast du einen Satisfyer?« als »Hast du einen Vibrator?« Frauen aller Altersklassen schwören auf diese zuverlässigen kleinen Gehilfen.

Falls Ihnen Ihre Tochter oder Ihr Sohn von einem Mann abrät, weil er sogenannte »Fuckboy-Vibes« hat, dann sollten Sie ihre

Bedenken unbedingt anhören. Denn ein Fuckboy ist das, was man früher als »Schwerenöter«, »Aufreißer« oder »Casanova« bezeichnet hätte. Also ein Mann, der große Gefühle schwört, um eine Frau ins Bett zu kriegen. Das Bett miteinander zu teilen, kann ja durchaus ein probates Ziel sein, aber man sollte als erwachsener Mann doch dazu in der Lage sein, dies der Frau gegenüber auch zu artikulieren, anstatt sich in falsche Schwüre zu flüchten. Dennoch: Fuckboys soll es leider in allen Altersklassen geben.

Ehrliche Kommunikation gewinnt auch bei einer Bindung wie »Freundschaft Plus«. So bezeichnet man eine gute Freundschaft, in der man hin und wieder miteinander Sex hat – als Tüpfelchen auf dem I oder eben als Plus.

Wenn Ihnen das ein bisschen viel Bett-Kommunikation war und Sie eher der Typ stille Genießerin sind, kann ich Sie beruhigen. Für ein erfülltes Liebesleben müssen wir nicht jede sexuelle Handlung, die Spaß macht, auch benennen. Manchmal ist Schweigen glücklicherweise Gold.

Zurück in die wilden Siebziger

Meine Gespräche mit Uta und Clara hatten eine Tür zu meiner Vergangenheit aufgestoßen, zu einer unbeschwerten und auch sexuell spannenden Epoche: den wilden Siebzigern. Es war die Zeit von Miniröcken und blickdichten schwarzen Strumpfhosen, von Dauerwellen und Flower-Power und von ONS – Sie wissen, wovon ich spreche. Ich glaube, meine Freundinnen und ich nannten es damals »Stelldichein« oder »etwas für eine Nacht«. Ich weiß es nicht mehr genau. Nicht dass ich mich als 18-Jährige getraut hätte, mich auf einen ONS einzulassen, aber ich weiß noch, dass ich es unglaublich aufregend fand, als ich zum ersten Mal von all den Möglichkeiten und Freiheiten erfuhr.

Ich lebte damals sehr behütet mit meinen Eltern in meiner Geburtsstadt Hamburg. Allerdings fühlte es sich eher so an, als würde ich in einer Kleinstadt wohnen, in der die Bordsteine abends hochgeklappt wurden. Trotz Kiez, Reeperbahn und vielen Diskotheken, denn meine Eltern waren konservativ und dementsprechend klassisch in ihrer Erziehung, daher bekam ich von alledem so gut wie nichts mit. Keine kurzen Röcke, immer Zapfenstreich um 22 Uhr und bloß kein Alkohol – willkommen in Gabis kleiner Welt. Diese wurde schlagartig größer, als ich für ein Praktikum nach München zog. Tschüss, zugeknöpfte Hansestadt, hallo, Partymekka München!

Mein Praktikum im Autohaus sorgte dafür, dass ich schnell neue Leute kennenlernte, darunter eine Gleichaltrige, die in einem der angesagtesten Friseursalons der Stadt arbeitete. Und weil ihr Chef in München eine Berühmtheit war, brachte sie dieser Name auf die Gästelisten der besten Feten und Diskotheken – und mich gleich mit. Fortan machten wir die Nacht zum Tag, egal ob Samstag oder Mittwoch. Aufgerüscht in Minirock oder Girbaud-Hosen, tanzten wir zu »Yes, Sir, I can Boogie«, »Ma Baker« oder »Please don't let me be misunderstood« in der Version von Santa Esmeralda die Nächte durch. Wir kamen gegen vier Uhr nach Hause, schliefen drei Stunden, tranken starken Kaffee und gingen zur Arbeit. Wenn das Mittagstief anrückte, zwangen wir es wieder mit Kaffee in die Knie, und wenn abends die nächste Party anstand, na dann rüschten wir uns eben wieder auf und zogen um 23 Uhr los. Unser Motto: Wehe, wenn sie losgelassen!

Heute müsste ich mir allein bei dem Gedanken an nur drei Stunden Schlaf Streichhölzer zwischen die Augenlider klemmen. Woher in Gottes Namen hatten wir diese Kondition? Doch ich will keine Sekunde meiner München-Zeit missen. Ich glaube, dass ich mich damals zum ersten Mal im Leben frei fühlte, und das empfand ich als Geschenk. Ich hatte das Gefühl, zum ersten Mal im Leben eine Idee davon zu bekommen, wer ich war und was ich wollte.

Als mein Praktikum nach einem halben Jahr planmäßig endete, nahm ich die Freiheit, die ich gekostet hatte, mit nach Hamburg. Ich zog in meine erste eigene Wohnung und trug weiterhin Röcke in der Länge, wie es mir allein gefiel. Zusammen mit den Freundinnen, die mit Anfang 20 noch nicht verheiratet oder schwanger waren, machte ich jetzt auch die Hamburger Diskotheken und Bars unsicher. Dabei gab es (gefühlt) keine Regeln, außer vielleicht eine: Die Party war nur dann ein Erfolg, wenn wir erst bei Vogelgezwitscher nach Hause kamen. Tschilp-tschilp und kikeriki!

Die meisten meiner Freundinnen und ich waren keine Typen für ONS, aber die eine oder andere Romanze erlebten auch wir in dieser Zeit. Mir kommen da etwa Abende in den Sinn, an denen einem schon im Voraus klar war, dass man das Outfit, das man trug, nicht lange anbehalten würde. Oder Parkbuchten und beschlagene Autoscheiben, an die man ein Herzchen mit dem Finger malt. Oder Schreibtische, die in Sekundenschnelle leer gefegt wurden, weil man es nicht mehr bis ins Schlafzimmer schaffte.

Für leer gefegte Tische sowie sämtliche leidenschaftliche Handlungen braucht es selbstverständlich nicht zwingend einen ONS. Auch mit dem Liebsten oder der Liebsten kann es aufregend sein. Vielleicht sogar noch aufregender als mit einer fremden Person? Oder einfach anders aufregend? Heute weiß ich: Lust macht erfinderisch. Diese Erkenntnis ist nicht unbedingt ein Überbleibsel aus meinen wilden Siebzigern, damals rauschte das Leben an einem vorbei, schneller, als man gucken konnte. Sondern eher aus den Beziehungen, ob locker oder verbindlich, die ich im Erwachsenenalter hatte. Da war etwa ein attraktiver Flugbegleiter, den ich zu einem unserer Dates mit einer Dose Kaviar überraschte. Also, nicht allein mit der Dose an sich, sondern damit, dass wir sie auf meinem Dekolleté platzierten und dann genüsslich vernaschten.

Solche Erlebnisse können einen richtig vitalisieren, besser als jede Anti-Aging-Creme, egal in welchem Alter. Die Augen funkeln, die Wangen glühen, und der Schoß steht in Flammen. Ein Hoch auf die Lust!

Wenn Sie mich nach den großen Unterschieden zwischen einem One-Night-Stand mit Mitte 20 und einem mit 60 fragen, dann fällt mir – neben Zipperlein mit Ischias oder Knien – nur einer ein: Wir müssen uns nicht mehr fragen, ob mehr aus der Sache werden kann, ob der Mensch für Familienplanung oder Hochzeit taugt. Wir dürfen einfach loslassen und den Moment genießen. Und wenn die Chemie bahnbrechend gut ist und Ihnen beim Gedanken an Ihren One-Night-Stand der Wunsch nach einer Fortsetzung kommt? Na, dann vereinbaren Sie eben einen zweiten oder machen gleich einen Two-Night-Stand daraus. Es muss nicht immer um das große Gefühlskino gehen – alles kann, nichts muss.

»Sag mal, was ist denn jetzt eigentlich mit dem Architekten und dir?«, fragte mich Uta zum Ende des Sommers. Wir hatten lange nicht von ihm gesprochen. »Wird das noch was mit euch beiden?«

Ich hatte ehrlicherweise keine Ahnung. Wir hatten Sexting für uns entdeckt und allerlei Schönes miteinander geteilt. Für Freundschaft Plus waren wir schon zu weit. Aber könnte er meine späte, meine zweite große Liebe sein? Und falls nicht, würde er eine tragende Rolle in meinem Leben einnehmen?

»Ich überlege noch«, antwortete ich und wusste dabei selbst nicht, ob mein Zögern für oder gegen eine Beziehung mit diesem Mann sprach.

Lust kommt (auch) von Vertrauen

Wenn wir über lustvolle Begegnungen sprechen, dann nicht ausschließlich über die schnelllebigen, anonymen, sondern auch über die echten, tiefgründigen. Die Art von Lust, die durch Vertrauen entsteht. Wenn Sex kein anderes Ziel hätte als den Orgasmus, müsste man sich nicht die Mühe machen, nach einem Partner oder einer Partnerin zu suchen.

Der Philosoph Robert Solomon hielt Sex für eine Art Körpersprache, die Gefühle und Haltungen transportiert – etwa Zärtlichkeit, Scham oder Vertrauen.[3] Auf diese Weise betrachtet ist Sex eine Sprache, die man lernen kann und muss. Vertrauen scheint mir dabei eine der wichtigsten Zutaten zu sein. Dieser Gedanke gefällt mir sehr. Dabei fällt mir auf, dass ich einen weiteren Unterschied zur Lust mit 20 oder 30 entdeckt habe: Früher hätte ich mir vor dem Sex mit einem geliebten Menschen keine philosophischen Gedanken gemacht. Ob das nun gut oder schlecht ist? Erkenntniserweiternd ist es allemal.

Vertrauen kann auch in Momenten, in denen es im Bett Komplikationen gibt, helfen. Diese kann es in jeder Lebensphase geben, aber vor allem gibt es sie in unserer. Wenn wir über Lust und körperliches Begehren im Alter sprechen, dann dürfen wir nicht so tun, als gäbe es Erektionsstörungen oder Scheidentrockenheit nicht. Auch wenn es schwerfällt, darüber mit dem neuen Partner oder dem Schwarm zu reden. Offenbarung schafft Nähe und trägt zu einer vertrauensvollen Atmosphäre bei. Lassen Sie es uns einmal mehr locker-leicht und mit einem Augenzwinkern nehmen: In unserem Alter gehört der gemeinsame Gang zum Urologen oder zur Endokrinologin eben manchmal zum Vorspiel.

»Die einzige Zukunft, die uns jemals gehört, ist die Gegenwart, die wir erleben.«

Paul Auster

Verlieben ist wie Fahrradfahren – besser mit Helm
Oder: Bin ich bereit für die (zweite) große Liebe?

Ob Sie nun gerade bis über beide Ohren verknallt sind, eine kleine Romanze genießen oder sich die große Liebe so weit weg anfühlt wie die Führerscheinprüfung damals mit 18: In diesem Kapitel erwartet Sie keine kitschige Ode an die Liebe, sondern eine an den Mut, das Leben in allen Facetten zu leben.

Wir haben uns unter unserem Schildkrötenpanzer hervorgewagt und uns allein ins Café gesetzt, vielsagende Blicke ausgetauscht, unser Herz und vielleicht sogar ein paar Blusenknöpfe geöffnet, heiße Nachrichten verschickt und vielleicht nicht jedes Mal die Antwort bekommen, die wir uns wünschten. Aber wir leben, tanzen, lachen und verlieren uns dabei selbst nicht.

Dann passiert das, was wir uns heimlich gewünscht, womit wir aber nicht wirklich gerechnet haben: Wir sind verliebt. Und zwar so richtig. Und jetzt? Aufs Ganze gehen – ja, nein, vielleicht?

Wie schützt man sein Herz? Und wovor genau muss man es überhaupt schützen? Vor Enttäuschungen, zu vielen gut gemeinten Ratschlägen, dem schlechten Gewissen den Kindern oder dem verstorbenen Mann gegenüber? Herzlich willkommen beim großen L! Ob das L für Liebe oder für Leben steht? Schauen wir mal.

Die Welt gehört den Mutigen

Bis zum 20. Lebensjahr sind wir grün hinter den Ohren, eigentlich sogar bis zum 30., auch wenn wir nach außen mit Kind und Kegel das Erwachsensein proben. Mit 40 haben wir schon einiges hinter uns, aber auch noch vieles vor uns. Ab 50 denken wir, wir wüssten, wie der Hase läuft, und hätten alles schon erlebt. Nur um vielleicht 10, 15 Jahre später zu merken: Das stimmt ja gar nicht! Weil eine Scheidung uns auf den Boden der Tatsachen zurückholt. Oder ein Todesfall uns selbigen unter den Füßen wegzieht. Auf einmal ist dann wieder alles neu oder anders. Und dann besitzt die Welt da draußen auch noch die Frechheit, sich einfach weiterzudrehen. Doch man kann sagen: Zum Glück tut sie das. Das bringt mich zu der Überlegung, ob es »Ankommen« überhaupt geben kann, ist nicht viel eher alles stets im Fluss? Und ist das nicht auch etwas Wunderbares, denn Fließen heißt offen bleiben, sich entwickeln, am Leben teilnehmen.

Die Welt gehört den Mutigen. Mut muss dabei nichts Großes oder Lautes sein, nicht mal etwas Sichtbares. Mut zeigt sich auch oder vielleicht sogar gerade im Kleinen, oder er passiert nur in uns. Es kann mutig sein, in den Spiegel zu sehen, allein am Strand zu sitzen und ein Buch zu lesen, zu etwas Nein zu sagen oder Abschied zu nehmen und sich dabei ein warmes und weiches Herz zu erhalten.

Ich glaube, die Phase, die jenseits der 60 liegt, erfordert mehr Mut, als man sich vorstellen kann, denn sie markiert einen neuen und sehr besonderen Lebensabschnitt. Der offensichtlichste Grund dafür ist der Beginn der Rente, die in diesem Jahrzehnt für die meisten von uns beginnt. Aber eben nicht nur. Ab 60 können so viele erste Male passieren wie sonst in den Jahren von 0 bis 18. Die meisten von uns krempeln ihr Leben um, wenn die Kinder aus dem Haus sind oder wenn sie die Arbeit niederlegen oder im Alter noch mal einer neuen Berufung nachgehen. So weit die freiwilligen Neustarts. Gleichermaßen kann diese Epoche eine der unfreiwilligen Abschiede sein, der schmerzhaften Zäsuren und der notgedrungenen Neuanfänge, die wiederum großartige Chancen bergen, um über sich hinauszuwachsen. Wie zum Beispiel bei einer neuen Liebe.

Traue ich mich oder nicht?

Im Gegensatz zu den meisten Beziehungsratgebern geht es hier unter dieser Überschrift nicht ums Heiraten. Dafür um alles andere, was mit Mut zu tun hat: »Was bekomme ich, wenn ich das Wagnis der zweiten großen Liebe angehe? Will ich mir diesen ganzen Stress überhaupt noch mal antun?« Lassen Sie uns den Zusatz »groß« streichen, Liebe allein reicht erst mal völlig. Wenn langfristig Sympathie und Zuneigung da sind, wird sie von ganz allein groß und größer.

Eine der Fragen, die sich meine Kandidatinnen und Kandidaten am häufigsten stellen, bevor sie zu mir kommen, ist: »Bin ich bereit für die Liebe?« Ich weiß, weil sie auch mir diese Frage manchmal stellen. Spätestens in unserem Kennenlerngespräch spüre ich deutlich, ob die Zeit reif ist oder jemand mit dem Kopf durch die Wand will. Weil sie oder er es satthat, bei Einladungen allein unter lauter Pärchen zu sein, oder weil sie oder er den Trauerprozess gern ein bisschen beschleunigen würde. Ich sag's Ihnen gleich: Das geht schief! Wenn die meisten Sätze mit »Als mein Mann noch da war, …« beginnen oder auch sonst mehr Vergangenheit als Gegenwart mit im Raum ist, frage ich irgendwann: »Hängt der Mantel von Sabine noch an der Garderobe, weil Sie es noch nicht über sich bringen, ihn wegzuräumen?« Oder: »Stehen Peters Schuhe noch auf dem Fußabtreter, obwohl es Jahre her ist?« Dann füllen sich die Augen meiner Leute nicht selten mit Tränen. Ich rate ihnen dann, dass es vielleicht besser wäre, noch ein bisschen zu warten. Sie erinnern sich: Es ist nie zu spät für eine neue Liebe, nur zu früh kann es sein. Wenn der Kopf unbedingt will, das Herz aber noch nicht wieder kann.

Der Verlust einer Liebe oder die Trauer um einen Menschen können brennen, stechen, verglühen, begleiten, immer wieder vorsichtig anklopfen. Wir sind meist gewillt, einem Menschen Zeit zu geben, der allein bleiben will, genauso müssen wir jemandem sein zweites Glück oder die Lust auf einen Neuanfang gönnen, wenn sie oder er schneller als andere wieder dazu bereit ist.

Schlechtes Gewissen? Lohnt sich nicht

Selbst dann, wenn wir im Reinen mit uns sind und alles in uns ruft: »Go for it!«, meldet sich manchmal das schlechte Gewissen. »Was würden meine Kinder dazu sagen?« Selbst, wenn diese 35 sind, in Toronto leben und nur einmal im Jahr zu Besuch kommen. Oder: »Ist das nicht wie Betrug an meinem Mann?« Ist es nicht. Wirklich. Sie betrügen Ihren verstorbenen Mann nicht, wenn Sie sich neu verlieben. Im Gegenteil: Vermutlich würde er Sie gerne glücklich und mitten im Leben sehen, statt für immer gebrochen und deprimiert in einer Ecke. Ist das nicht genau das

Wesen der Liebe? Dass sie warm ist, groß und gönnt? Auch ich hatte alle diese absurden Gedankengänge. Sie wollen uns etwas zeigen: Entweder dass es noch zu früh ist oder wir uns weiterentwickeln dürfen. Zu erkennen, worum es sich handelt, ist die Kunst dabei.

Als ich als frisch verwitwete Frau zum ersten Mal versuchte, mir meinen Ehering vom Finger zu ziehen, fühlte sich diese klitzekleine Handlung so an, als würde ich meinen Mann aufs Schlimmste hintergehen. Wieso willst du den Ring denn unbedingt loswerden?, dachte ich. Was würden meine Freundinnen dazu sagen und was die Verwandten? Doch Wege entstehen, indem man sie geht: Ein paar Monate vergingen, bis mir die Idee kam, Max' Ehering mit meinem zu verschmelzen. Ich beauftragte eine Juwelierin, einen neuen Ring aus beiden zu entwerfen, seitdem trage ich ihn jeden Tag. Dieser Ring ist jetzt nicht mehr mein Ehering, sondern etwas, das Max und mich verbindet, aber auch Teil meines neuen Lebensabschnitts ist.

Das Gefühl für Ihre verlorene Liebe bleibt unangetastet in Ihrem Herzen, auch wenn Sie sich neu verlieben. Weder müssen Sie die Fotos von ihm von der Kommode räumen, nur weil ihr potenzieller neuer Partner jetzt öfter zu Besuch kommt – auch er hat ja ein Leben vor Ihnen gehabt und seine große Liebe vielleicht bereits hinter sich –, noch sollten Sie am Grab stehen und um Erlaubnis bitten.

Die Zeit und meine Trauertherapie halfen mir, diesen Verlust Schritt für Schritt zu akzeptieren. Beispielsweise hatte ich kurz nach Max' Tod bestimmt sieben oder acht Bilder von ihm oder von uns beiden aufgestellt. Da ich nicht in einem Schloss, sondern in einer kleinen Wohnung lebe, bedeutete das: Er war überall. Logisch, denn zu dieser Zeit sah es in meinem Herzen genauso aus. Ohne dass ich es forciert hätte, kam mir ein paar Monate später der Gedanke, dass es zwei Bilder von Max doch auch tun würden.

Ich suchte meine beiden Lieblingsfotos heraus, die anderen verstaute ich. Das fühlte sich gut, warm und richtig an. Je weiter ich mich vom Todesdatum meines Mannes entfernte, desto eher fand in mir eine Art Abnabelungsprozess statt. Nicht von Max und meiner Liebe zu ihm, aber von der Idee, dass er nicht mehr da war. Während ich Max' persönliche Gegenstände kurz nach seinem Tod noch mit meinem Leben verteidigt hätte, wurde es mir in meinem zweiten Trauerjahr möglich, ein paar seiner Sachen an seine nächsten Verwandten zu geben.

In meinem dritten Trauerjahr bekam ich wieder Lust auf Farben. Mein symbolisches graues Trauermäntelchen streifte ich so langsam ab und fing wieder an, bunte Kleidung zu tragen. Damit einher ging meine Lust, wieder auf Menschen zuzugehen, ins Gespräch zu kommen. Zuletzt war eine Renovierung in der Wohnung unter meiner eine Inspiration für mich, auch etwas in der Wohnung zu verändern. Ich kaufte neue Balkonmöbel und Bilder fürs Schlafzimmer, auf einem ist Clint Eastwood, auf dem anderen Romy Schneider. Außerdem strich ich die Wand, an der das Bett steht, türkis. Die Farbe wäre Max wahrscheinlich zu viel gewesen, mir aber gefiel sie richtig gut. Bis heute habe ich mich an meiner bunten Welt nicht sattgesehen. Aus unserer Wohnung war ein Stück weit meine Wohnung geworden, nicht mehr auf eine schmerzhafte Weise, sondern auf eine schöne.

Den einen richtigen Moment, um Neues im Leben zu begrüßen, gibt es nicht. Es geht dabei ja nicht um eine Uhr, deren Batterie gewechselt werden muss. Und heute weiß ich auch, dass es helfen kann, wenn man als Witwe seine Erfahrungen und Gefühle mit anderen teilt. Mir haben die Farben geholfen, das Umstellen der Möbel, die neuen Wandbilder, die neuen Pflanzen und das Bitten um Hilfe. »Kannst du mir mal den alten Nagel aus der Wand ziehen?« oder »Würdet ihr mir helfen, den Weihnachtsbaum in die Wohnung zu schleppen? Ich schaff' das allein nicht.« Die meisten

Menschen tun einem gern einen kleinen Gefallen, wenn man sie darum bittet. In der Summe nennt man das dann wohl den Weg zurück ins Leben.

Selbstverständlich muss nicht immer eine neue Beziehung das Ziel am Ende dieses Weges sein. Ich kenne genügend Menschen in meinem Alter, die vital sind, mitten im Leben stehen und trotzdem ganz klar sagen: »Ich will meine Ruhe, ich will nicht mehr suchen, ich bleibe für mich.« Als Freundin oder Partnervermittlerin würde ich mir nur den Mund fusselig reden, wenn ich sie umstimmen wollte. Nicht selten richtet es ohnehin der unberechenbare Geselle Zufall. Mein Eindruck ist, dass er manchmal gerade jenen einen neuen Menschen schickt, die ihr Herz eigentlich nicht mehr öffnen wollten – und dann tun sie es doch. Umso schöner, finde ich!

Vielleicht hat Sie nicht der Zufall überrascht, sondern Sie haben sich aktiv auf die Suche nach einem neuen Menschen gemacht, der Ihr Leben bereichern und Schwung in die Kiste bringen könnte. Mich als Partnervermittlerin – und auch als Privatperson – begeistert diese Initiative in Liebesdingen. Sie wollen lieben, erleben, reisen, lachen? Vermutlich haben Sie es aus den vergangenen Kapiteln bereits herausgelesen, aber ich empfinde es als etwas durchweg Positives, nach den Sternen zu greifen. Machen Sie sich frei von dem Gedanken, dass Sie das nicht dürften oder irgendetwas daran nicht verdient hätten, gerade als Frau.

Was werden die Kinder sagen?

Als wäre das Abwägen im Stillen nicht schon fordernd genug, gleicht das öffentliche Interesse an einem neuen Partner im Leben einer älteren Frau, egal ob Witwe, geschieden oder getrennt, oft einem Staatsakt. »Christa ist aber ganz schön gut gelaunt dafür, dass ihr Mann erst ein paar Monate unter der Erde ist ...«, »Wie kann Barbara das ihren Kindern bloß antun?«, »Willst du nicht noch ein bisschen warten, bis du Hand in Hand mit einem anderen Mann hier herumspazierst?« Die Zeit allein ist kein Kriterium, schon gar nicht für eine Bewertung von außen.

Bekannte, Nachbarn oder Freunde können ein Segen sein, aber es gibt auch Situationen oder Lebenslagen, zu denen sie ihren Senf besser nicht geben sollten. Die Entscheidung, nach Trauer, Scheidung oder Trennung wieder jemanden kennenlernen zu wollen, gehört dazu. Auch wenn es oft gut gemeint ist: Schützen Sie sich und Ihr Herz und schalten Sie auf Durchzug, falls Ihnen jemand Ihre Entscheidung oder Ihre neue Liebe auf diese Art madig machen möchte. Wollen Sie es allen Personen in Ihrem Umfeld recht machen? Ich gebe Ihnen Brief und Siegel darauf, dass Sie mit diesem Vorhaben niemals fertig und dabei selbst vermutlich unglücklich werden.

In diesem Zusammenhang erinnere ich mich an eine Begegnung in der Partnervermittlung, die mich besonders berührt und nachdenklich gestimmt hat. Ein Witwer Anfang 70 saß damals zum Erstgespräch bei mir im Büro. Wir hatten bereits telefoniert, er wünschte sich schon seit Jahren eine neue Partnerin und nun, da er diesen wichtigen ersten Schritt gewagt hatte, war er Feuer und Flamme für eine neue Bekanntschaft. Als wir uns in meinem Büro trafen, erzählte er zunächst von seinem persönlichen Werdegang. Er habe seine Frau sehr geliebt, sieben Jahre sei ihr Tod nun her. Er habe zwei erwachsene Kinder, vor Kurzem sei er sogar Opa geworden. Er wirkte zugänglich, aber auch recht sachlich und kontrolliert, typisch hanseatisch, könnte man sagen. Dies blieb auch so, als ich anfing, mit ihm meinen Fragenkatalog durchzugehen. Doch bei der Frage nach dem Wunsch nach Zärtlichkeiten angekommen, geriet dieser sachliche Herr auf einmal auf eine entzückende Weise ins Schwärmen. Er sprudelte vor Ideen, Wünschen und Träumen und lächelte immer wieder versonnen. Es ging dabei nicht um sexuelle Vorlieben oder Ähnliches, sondern lediglich ums Kuscheln. Er vermisste Schmusen unglaublich. »Wenn jemand den Arm um dich legt, dir über den Rücken streichelt, danach sehne ich mich wirklich«, sagte er. Weil er zuvor so beherrscht gewesen war, rüttelte mich sein Wunsch richtig auf.

»Jetzt habe ich Ihnen aber ganz schön viel verraten«, sagte er am Ende unseres Gesprächs und schien dabei überrascht von seiner eigenen Courage. Ich versicherte ihm, dass diese Gabe, so herzerwärmend schwärmen zu können, vor allem unter Männern als Stärke zu werten sei. Ich empfahl ihm, die obligatorische Nacht über seinen Besuch bei Hammer & Herz zu schlafen und sich bei mir zu melden, sobald er sich für oder gegen eine Vermittlung entschieden habe.

»Ach, i wo!«, rief er und streckte mir die Hand hin. »Frau Pochhammer, geben Sie mir den Vertrag gleich mit. Ich werfe ihn morgen unterschrieben ein.« Jetzt war er wieder ganz hanseatischer Kaufmann.

Es war deutlich spürbar, dass dieser Mann bereit für eine neue Bekanntschaft und vielleicht sogar eine zweite Liebe war. An diesem Abend ging ich ganz beseelt nach Hause. Auch wenn der Vertrag noch nicht unterschrieben war, ratterte es in meinem Hirn bereits: Ich würde morgen gleich in die Unterlagen von Frau N. aus Lübeck gucken, sie könnte wunderbar zu dem herzlichen Witwer passen.

Als am folgenden Morgen eine E-Mail des Hamburger Witwers in meinem Postfach war, klickte ich noch vor Arbeitsbeginn gespannt darauf: »Liebe Frau Pochhammer, ich habe gestern Abend noch mit meinen Kindern über mein Vorhaben gesprochen und mich nun schweren Herzens dazu entschlossen, mich dem Witwerdasein für den Rest meines Lebens hinzugeben.«

Wie jetzt? War diese Nachricht wirklich von dem Herrn von gestern Abend, oder hatte ich mich in der Namenszeile verguckt? Ich scrollte hektisch meine neuesten Nachrichten durch. Nein, Name und E-Mail-Signatur stimmten, der schwärmende Witwer hatte sich tatsächlich umentschieden.

Ich stiefelte in den Flur, schnappte mein Jäckchen und fuhr zu einem anderen Termin, doch die Nachricht des netten Herrn wollte mir einfach nicht aus dem Kopf gehen. Nicht weil ich auf ihn als Kunde verzichten musste, sondern weil mich die Vorstellung traurig machte, dass er seinen Wunsch ad acta gelegt hatte. Dieser Mann hatte so echt und warmherzig von der Aussicht auf eine neue Partnerin gesprochen, dass mir sein Rückzug wirklich wehtat. Was genau seine Kinder mit seiner Entscheidung zu tun hatten, konnte ich natürlich nur vermuten. Doch es wäre nicht das erste Mal, dass ein Elternteil seiner erwachsenen Kinder wegen auf die Aussicht auf eine zweite Liebe verzichtete. »Das kannst du Papa doch nicht antun«, »Mami ist doch erst seit drei Jahren nicht mehr da« oder »Der kriegt aber nichts vom Erbe!« – ich weiß, dass solche Sätze fallen, und ich bedaure es. Abgesehen von erbrechtlichen Entscheidungen, die man besprechen und anwaltlich absichern lassen kann: Nicht Ihre erwachsenen Kinder entscheiden, ob Sie einen netten Lebensabend verbringen dürfen, Sie allein tun das!

Selbstverständlich gibt es auch Töchter und Söhne, die ihre Eltern bei der Suche nach der Liebe unterstützen und sie ermutigen. »Mami will sich noch mal verlieben« – erst neulich rief eine Tochter mit diesen Worten bei mir an. Natürlich erst, nachdem sie das Einverständnis ihrer Mutter eingeholt hatte. Und ein Vater erzählte mir, dass sein Sohn den Ausschlag dafür gegeben habe, dass er sich bei Hammer & Herz gemeldet hatte. »Du hast doch noch ein halbes Leben vor dir, Papa, und das soll schön werden«, habe der Sohn zum Vater gesagt. Daraufhin sei die Sache für ihn glasklar gewesen. Auch wenn er wisse, dass sich zu öffnen auch bedeuten könne, verletzt zu werden. »Aber wenn man's nicht mal versucht, dann wär's doch langweilig, Frau Pochhammer, oder?«, meinte er ganz keck. Wie wahr!

Liebeskummer – lohnt er sich?

1964 sang Siw Malmkvist zum ersten Mal Ihren Song »Liebeskummer lohnt sich nicht, my Darling«, der schnell zum Hit wurde. Damals war ich gerade mal vier Jahre alt, trotzdem hörte ich den Schlager mit 18, nachdem mein griechischer Urlaubsflirt nichts mehr von mir wissen wollte. Er kam mir auch später noch oft in den Sinn – der Song, nicht der Grieche. Vielleicht stimmt es, dass sich Liebeskummer nicht lohnt, aber ob diese Erkenntnis hilft?

Da wir an dieser Stelle über die (große) Liebe sprechen, bin ich Ihnen noch eine Auflösung schuldig.

Als Anfang 60-Jährige war mein heißer Hamburger Sommer zuerst in einen bunten Herbst übergegangen und dann in einen gräulichen Winter. Das Wetter schien sich auf mich und meine Verliebtheit abgestimmt zu haben. Wenn ich ehrlich zu mir war, hatten sich die letzten Wochen unseres Zusammenseins angefühlt wie ein Sterben auf Raten. Ab einem gewissen Punkt tat es gut, sich das einzugestehen.

Nachdem das Bohei der ersten Monate sich gelegt hatte und ich zum Nachdenken kam, wurde mir bewusst: Friedrichs Auf- und Abtauchen innerhalb unserer Beziehung strengte mich unglaublich an. Wenn ich Gas gab, zog er die Handbremse. Wenn ich mir Leidenschaft wünschte, brauchte er Ruhe. Wenn ich etwas Gemeinsames plante, konnte er sich nicht festlegen. Aus dem Architekten und mir konnte kein Paar werden. Und auch keine

Freundschaft mit oder ohne Plus oder sonst irgendetwas. Ja, bei mir hatte im Sommer der Blitz eingeschlagen, und ja, ich hatte mich verliebt, und noch mal ja, ich hatte mir ausgemalt, wie er und ich in Zukunft zwischen der Insel und dem Festland hin und her jetten, Hand in Hand durch Städte flanieren, Italienreisen unternehmen, aufregende Nächte erleben und gemeinsam Weihnachten feiern würden – das volle Programm eben. Als er mich Ende Dezember zu Hause besuchte, wusste ich, noch bevor er sich zu mir aufs Sofa gesetzt hatte: Das würde unser letztes Treffen werden.

Ob ich danach weinte? Ja. Aber ich war auch gefasst. Ob mich die Traurigkeit noch eine Weile begleitete? Natürlich. Aber ich verlor nicht den Halt. Ob ich meine Freundinnen noch eine Weile damit belagerte? Selbstredend. In ich weiß nicht wie vielen Gesprächen heulte ich Uta trotz meiner schlauen Erkenntnisse die Ohren damit voll, dass Friedrich und ich doch so gut zueinander gepasst hätten.

»Optisch ja«, sagte Uta damals so ehrlich wie immer. »Aber sonst? Ich weiß ja nicht, Gabi.« Und sie hatte recht. Ich musste mich damit abfinden, dass ich eventuell etwas mehr gewollt hatte, als der Architekt geben konnte. Und dass ich etwas zu lange die rosarote anstelle meiner Lesebrille getragen hatte. So what! Ich bereue nichts, nicht mal den Kummer.

Alter schützt vor Torheit nicht und auch nicht vor Liebeskummer. Wenn Sie mich nun fragen, wie man sein Herz als gestandene Frau über 50 schützt, sage ich: Ich glaube, Enttäuschungen und geplatzte Träume tun auch mit 60 oder 70 Jahren weh. Vielleicht ist man ein bisschen gefasster, vielleicht verschmerzt man sie ein bisschen schneller, aber ans Herz gehen sie trotzdem.

Am Ende des Tages taugt für mich ein eher unüblicher Vergleich, aber Unübliches scheint ja mein Ding zu sein. Ich finde, man kann spätes Verlieben und Lieben mit Fahrradfahren vergleichen. Man verlernt es nicht, aber die Rahmenbedingungen verändern sich. In den 1970er-Jahren hat keiner von uns einen Helm getragen, heute wissen wir aber, dass er Schlimmeres verhindern kann. Während wir uns mit 30 oder 40 noch geweigert hätten, mit diesem komischen Ding auf dem Kopf aus dem Haus zu gehen, setzen wir ihn heute automatisch auf. Einen Sturz kann der Helm nicht verhindern, aber vielleicht, dass etwas Schlimmeres passiert. Und überhaupt: Was wäre die Alternative? Gar nicht mehr aufs Rad zu steigen? Verschwendung! Kurven sind doch etwas Lustiges, und stellen Sie sich nur mal das Gefühl vor, nachdem Sie eine Weile den Berg hinaufgeradelt sind – nicht mit dem E-Bike, sondern aus eigener Kraft – und es dann einfach rollen lassen können. Ihr Haar weht im Fahrtwind, alles fühlt sich leicht an, und Sie könnten jauchzen vor Freude. Für diese Momente lohnt es sich doch zu leben und zu lieben!

Ich will's noch mal wissen!

Ich lasse mich nicht entmutigen, auch wenn es mit der späten Liebe für mich erst mal nicht geklappt hat. Ich erinnere mich in solchen Momenten gern an Ralph Waldo Emersons Idee von den alten Geigen. Ich möchte nach wie vor spielen, selbst wenn manche Töne schief klingen. Ich fühle mich für nichts zu alt – außer vielleicht zum Heiraten. Das ganze Trara müsste für mich nicht noch mal sein, die Hochzeit, die bleibt Max und mir. In meinen Träumen greife ich noch immer nach den Sternen, so wie ich es als 18-Jährige oder als 49-Jährige getan habe.

Heute träume ich davon, wie ich mit Tiffy an einem Hafen entlangspaziere. Ein paar Schiffe ankern dort, einen Seglerverein gibt es auch und nebenan ein uriges Restaurant mit schöner Terrasse. Wir nehmen an einem Tisch unter einem Sonnenschirm direkt am Wasser Platz. Ich bestelle frischen Nordsee-Steinbutt, dazu ein Gläschen trockenen Weißwein. Die Sonne geht gerade unter, und die See schwappt satt gegen die Kaimauer. Ein Geräusch, das mich bislang noch nie gestört, sondern immer beruhigt hat. Ich atme tief, fühle mich stark und frei.

»Moin, mien Deern!«, höre ich auf einmal eine sympathisch klingende Männerstimme sagen. »Ist der Platz neben Ihnen frei?«

Ich sehe mich um und blicke in sein Gesicht.

»Moin! Ja, der Platz ist frei«, sage ich.

Und dann nimmt das Schicksal seinen Lauf.

Träumen Sie? Träumen Sie!

Warum versprühen Sternschnuppen eigentlich so einen Zauber? Mich fasziniert es mit Anfang 60 in derselben Intensität wie früher, wenn die kleinen Lichtkegel am Himmel aufleuchten und vorbeisausen. Auch wenn das Spektakel nur wenige Sekunden dauert, hallt ihr Verglühen bei mir lange nach. Wahrscheinlich weil ich sie mit Wünschen und Träumen verbinde und mich dann automatisch frage: Was hält das Leben noch für mich bereit?

Zu Sternschnuppen gibt es einen Haufen Forschung und wissenschaftliche Erklärungen, genauso wie für Träume. Das ist mir in diesem Fall viel zu sachlich. Wenn ich eine Sternschnuppe sehe, dann möchte ich nur eines: ein bisschen träumen. Ich glaube, dass Träume unseren Blick schärfen können für das, was uns bewegt und wichtig ist. Egal was kommt, hören wir nicht auf zu träumen!

Schluss mit Schubladen

In jeder Phase unseres Lebens bekommen wir Frauen ein Label verpasst, das uns in eine Schublade befördert und gewisse Pflichten auferlegt: Zuerst sind wir Tochter, dann Ehefrau, dann Mutter, dann Witwe oder alte Jungfer oder, oder, oder. Damit sollte langsam mal Schluss sein! Seien Sie ab sofort bitte nur noch Sie selbst. Eine Frau, die ihren Wünschen und Träumen nachspürt und sie verwirklicht, egal wie groß oder klein, egal ob es um Selbstliebe, guten Sex oder Händchenhalten geht. Ein erfülltes Liebesleben fängt bei Ihnen an.

Mit dem Vorhaben allein ist es aber nicht getan: Wir müssen auch den nächsten Schritt tun. Im stillen Kämmerlein zu sitzen und darauf zu warten, dass Mister Right klingelt, hat schon mit 20 oder 30 nicht geklappt. Warum sollte es jetzt funktionieren? Sie brauchen bei Ihrer LOVEolution keine Siebenmeilenstiefel zu tragen, kleine Schritte führen auch zum Ziel. Schreiben Sie keine weiteren Bucket- oder To-do-Listen, um die Punkte eines fernen Tages vielleicht mal abzuhaken, sondern leben Sie.

Dies ist kein politisches Buch, und ich habe auch kein Interesse an einer Revolution. Aber daran, dass wir Liebe und Leben im Alter neu denken. LOVEolution eben. Wie sieht Ihre aus? Wagen Sie den ersten Urlaub allein und melden sich bei einer Dating-App an? Stoppen Sie den Mindfuck und gehen zum ersten Mal seit 30 Jahren wieder auf ein Date? Oder streichen Sie Ihre Wohnung in einer frischen neuen Farbe? Sagen Sie Ihren erwachsenen Kindern, dass es wieder jemanden gibt in Ihrem Leben? Oder gestehen Sie sich ein, dass Sie gerade einfach zufrieden allein sind?

Das Leben ist immer im Fluss, und vor Enttäuschungen sind wir nicht gefeit, bloß weil wir schon ein paar Lenze mehr auf dem Buckel haben. Was wir jüngeren Generationen aber vielleicht vorausHaben: Wir sind nicht fremdbestimmt. Für uns gibt es keine Vorgaben mehr und auch keine gesellschaftlichen Ziele zu erreichen. Eine Bekannte hat sich einen Kurschatten zugelegt, eine Nachbarin will mit 60 studieren, und eine Freundin häkelt nur noch? Schön für sie! Fragen Sie nicht andere, wie Sie Ihr Leben leben sollen, sondern hören Sie in sich hinein. Dort finden Sie die Antwort schon.

Ich hoffe, dass meine Geschichte Ihnen Mut macht, immer wieder aufzustehen, neu anzufangen und Entscheidungen zu treffen – die meisten lassen sich doch ohnehin revidieren, worauf warten Sie also? Mich hält mein Mut jünger als jede Anti-Aging-Creme. Für mich war es ein Wagnis, mit 60 meine erste Partnervermittlung zu gründen und mit 62 mein erstes Buch zu schreiben. Beides hat mich beflügelt. Beides hat mich einmal wieder gelehrt, dass die Dinge dann passieren, wenn sie passieren sollen, wenn wir ihnen den Weg geebnet haben. Für einen ungeduldigen Geist wie mich ist das nicht leicht zu akzeptieren, aber ich gebe mir die größte Mühe. Zu gerne wäre ich längst wieder eine vergebene Frau, aber vielleicht hat es das Leben so vorgesehen, mich damit erst in meinem letzten Drittel zu überraschen.

Während ich mich gezwungenermaßen in Geduld übe, macht Uta Nägel mit Köpfen. Sie und ihr Dieter suchen doch tatsächlich nach einer gemeinsamen Wohnung.

»Ich zieh' aber nicht nach Lübeck!«, sagte Uta sofort, als die beiden mir bei einem gemeinsamen Abend von ihrer Entscheidung erzählten.

»Die Mieten in Hamburg sind doch total überteuert, Uta!«, insistierte Dieter umgehend.

Fest steht bislang nur eines: Zum Einzug bekommen die beiden von mir nicht Brot und Salz, wie man das sonst so macht, sondern eine Kaktuspflanze.

Später gibt es nicht

Ob es um meine Entscheidung geht, mit Ende 30 in die Emirate auszuwandern, um den den unerwarteten Tod meines Mannes, die Gründung meiner Partnervermittlung oder die erste Textnachricht an den Architekten – es gibt eine Schnittmenge für all das: Später gibt es nicht. Alles, was uns sicher ist, ist das Jetzt.

Dumm nur, dass der Mensch als solcher so gern die Dinge auf später verschiebt, die ihm nicht leicht von der Hand gehen. Bei mir ist es die Mitgliedschaft im Fitnessstudio. Bei Uta ist es die Steuererklärung. Und bei Utas Mutter ist es die Kreuzfahrt, die sie schon so lange unternehmen wollte. Wir gaben uns gegenseitig einen Schubser: Uta suchte sich eine Steuerberaterin und spornte ihre 88-jährige, aber quietschfidele Mutter dazu an, die Kreuzfahrt endlich zu buchen. Obwohl Uta seekrank wird, würde sie mitfahren, versprach sie ihr. Das sei ein Argument, meinte die darauf. Als Clara davon erfuhr, wollte sie auch mit. Läuft doch wie am Schnürchen! Auch ich besiegte meinen »Später«-Schweinehund und überlistete mich selbst: Um mich meiner Jane-Fonda-Idee wieder anzunähern, schloss ich zwar keine Mitgliedschaft im Fitnessstudio ab, kaufte mir aber immerhin eine 10er-Karte für Pilates-Stunden bei einer Privattrainerin. Die Karte war so teuer, dass ich hingehen muss, sonst kann ich nicht mehr in den Spiegel sehen. Und das wäre doch schade, nach allem, was wir auf unserer gemeinsamen Reise – auch dank Callboy Leo – hier erlebt haben.

Von Käfern und anderen Glücksbringern

Es macht mich glücklich, dass ich mich als Partnervermittlerin so gut in Menschen hineinversetzen kann, dass sie mit meiner Hilfe die Liebe finden. Zwar haben Verliebte und Liebe Suchende auf den ersten Blick nicht viel gemeinsam mit Nashörnern und Impalas, aber mein Dasein als Amors Gehilfin erinnert mich in leisen Momenten an die Zeit auf der Safari-Lodge. Damals war ich in meinen Dreißigern und ging in meinem Job als Lodge-Managerin ganz auf. Ich habe dort Hunderte Gäste kommen und gehen sehen, doch an manche erinnere ich mich noch ganz genau.

In einem Sommer besuchte uns ein Mutter-Tochter-Gespann der besonderen Art. Die eine muss um die 60 gewesen sein, die andere Ende 30.

Beim Check-in fragte mich die Tochter auf Englisch: »Gibt es hier Käfer?«

Ich glaubte, meinen Ohren nicht zu trauen, denn Käfer und Insekten gab es bekanntermaßen im südafrikanischen Busch in rauen Mengen. Egal in welcher Lodge man kampierte. Ich entschied mich für eine möglichst sachliche Antwort: »Aber natürlich gibt es hier Käfer, wir sind mitten in der Natur.«

»Dann werde ich keine Sekunde hierbleiben«, erwiderte die Tochter sofort.

Ich erklärte ihr, dass sie, wenn sie hier nicht bleiben wolle, eigentlich gleich das Land verlassen müsse, denn Käfer und noch viel imposantere Krabbeltiere seien hierzulande gang und gäbe. Die Tochter drehte sich zu ihrer Mutter um und fing an zu flüstern. »Mom, no way«, »Nightmare!«, »No!«, »Yes!«, »No!« – ich schnappte ein paar Wortfetzen auf, die tatsächlich auf eine schnelle Abreise hindeuteten.

»Wollen Sie sich Ihr Zimmer nicht wenigstens einmal ansehen?«, fragte ich höflich. Einen Versuch wäre es wert, dachte ich.

Sie stimmten zu und kündigten zu meiner Überraschung kurz darauf an, das Zimmer für die komplette Dauer ihres Aufenthalts nicht verlassen zu wollen. Wir sollten sie regelmäßig mit frischen Handtüchern, Essen und Getränken versorgen, bis man sie in vier Tagen mit dem Shuttle wie geplant abholen würde.

Die beiden taten mir leid, hier gab es doch so viel zu entdecken! Die südafrikanische Natur bot traumhafte Farben und Nashörner oder Krokodile im wahren Leben zu sehen, das war wirklich ein unvergessliches Erlebnis.

Auf den Zimmern angekommen, bat die Tochter mich, ihnen den Hausmeister zu schicken, der solle sofort alle vorhandenen Käfer entfernen und dann Fenster und Türen mit Handtüchern abdichten, damit kein weiteres Getier es jemals ins Innere schaffen würde.

Unsere Lodge hatte um die zwölf Zimmer, weshalb sich das Verhalten der beiden Neuankömmlinge bereits bis zu meiner Chefin herumgesprochen hatte. Sie versuchte die Damen umzustimmen, aber keines ihrer Argumente half. Im Gegenteil, sie wurden immer aufgebrachter. Man solle ihre Ängste ernst nehmen und sie nicht mit fadenscheinigen Ausreden beruhigen.

»Gabi, kannst du es bitte noch mal versuchen?«, bat mich meine völlig entnervte Chefin am Nachmittag. Konversation und Hartnäckigkeit gehörten zu meinen Kernkompetenzen, auch in Krisen, das wusste sie. Immer wenn sie trotz Charme-Offensive nicht ans Ziel kam, sagte sie: »Gabi, übernimm du!« Ich tauschte also meine Gummistiefel – mein typisches Schuhwerk bei meiner Arbeit auf der Lodge – flugs gegen weiße Turnschuhe und machte mich auf zu unseren Problemgästen, die mittlerweile fast halbstündlich nach dem Personal klingelten. Kurz nachdem ich an die Zimmertür geklopft hatte, riss die Tochter die Tür auf.

»Haben Sie meinen Tee?«, fragte sie harsch.

»Nein, ich habe keinen Tee dabei. Aber ich habe etwas anderes für Sie.«

Ich wusste, es würde nichts bringen, weiter auf die beiden einzureden und von der Schönheit der afrikanischen Flora und Fauna zu schwärmen. Sie würden nur noch mehr dichtmachen und vielleicht wirklich in einer Nacht-und-Nebel-Aktion versuchen abzureisen. Ein riskantes Unterfangen ohne Beleuchtung und inmitten der wild lebenden Tiere. Ich durfte nicht zulassen, dass die Situation weiter eskalierte.

»Ich erzähle Ihnen mal was«, fing ich an. »Ich verstehe Ihre Angst besser, als Sie glauben.«

»Was, wieso? Sie arbeiten doch hier, Sie haben sicher keine Angst vor Käfern. Wieso sollten Sie meine Mutter und mich verstehen?«, herrschte mich die Tochter wieder an.

»Weil ich auch panische Angst vor manchen Dingen habe. Vor Höhe zum Beispiel, da dreht sich auf einmal alles. Furchtbar! Oder vor Tauben. Schlimm! Und weil ich mich auch schon mal ganz ähnlich wie Sie in einem Urlaub verhalten habe, als ich für einen Kurztrip in Venedig ankam.«

»Und was haben Sie gemacht? Eine Gondel gekapert? Sind Sie getürmt?«

Unter all der Hysterie hatte die Dame Sinn für Humor – das überraschte mich und gefiel mir.

»Im ersten Moment hätte ich genau das am liebsten getan!«, lachte ich. »Aber ich entschied mich um und suchte andere Wege. Im wahrsten Sinne des Wortes. Wege, die nicht über den Markusplatz führten, Wege, die nicht von Tauben gesäumt waren. Und wissen Sie, was ich dafür bekommen habe?«

»Was denn?«

»Einen wunderschönen Urlaub.«

Die Tochter presste die Lippen zusammen und nickte widerwillig. Dann sah sie ihre Mutter an.

»Ich lasse Sie mal allein«, sagte ich, wünschte den beiden einen schönen Abend und ging zurück in die Lobby.

Etwa eine halbe Stunde später tauchten die Frauen ein wenig kleinlaut bei mir an der Rezeption auf. »Wir würden gerne doch mit den anderen Gästen zu Abend essen«, sagte die Tochter.

»Aber nicht draußen«, fügte die Mutter hinzu. »Draußen sind wirklich zu viele Viecher. Drinnen geht.«

Gesagt, getan. Wir deckten einen Tisch im Innenraum ein, an dem sich die beiden niederließen. Ich ging zurück an die Rezeption, es war noch einiges an Ablage und Bürokram zu tun.

Am nächsten Mittag standen die beiden wieder an der Rezeption. Sie würden jetzt doch gerne an der Safari teilnehmen, aber nicht die volle Zeit, nur ein, zwei Stündchen und mit einem privaten Safari-Führer, ob das ginge.

»Aber natürlich«, flötete ich.

Und jetzt dürfen Sie dreimal raten, wer sehr viel länger als ein, zwei Stündchen unterwegs war? Genau, die beiden Damen.

»*Es war einfach traumhaft!*«, riefen sie im Chor.

Als sie drei Tage später planmäßig die nächste Etappe ihres Urlaubs antreten sollten, verabschiedeten sie sich bei mir.

»Gabi, wenn ich dich nicht gehabt hätte …«, sagte die Tochter und nahm mich bei der Hand. »Dank dir habe ich die Tage hier nicht nur überlebt, ich habe sie sehr genossen.«

Bei der Ankunft der beiden hatten meine Chefin und ich die Stunden bis zur Abreise gezählt. Bei ihrem Abschied hätte ich fast ein Tränchen verdrückt.

Ich liebe diese Geschichte. Auch weil ich glaube, dass wir alle Situationen kennen, in denen wir uns selbst im Weg stehen. Meist genügt ein sachter Schubser eines Außenstehenden, und wir machen den nächsten Schritt.

So war es auch bei mir, als ich mit meinem guten Freund Sven an einem letzten warmen Wochenende Urlaub in Tirol machte. Wir checkten in ein Hotel ein, das allerlei Outdoor-Aktivitäten anbot, von der Mountainbike-Tour über Power-Rafting bis hin zu noch waghalsigeren Vorhaben.

»Wir müssen irgendwas Verrücktes machen. Paragliding vielleicht?«, befand Sven, als auf einem riesigen Bildschirm neben der Rezeption ein Image-Film zum Thema Sportregion Tiroler Berge lief.

»Du spinnst wohl! Nur über meine Leiche!«, rief ich. Extreme Höhe hatte mir schon immer Angst gemacht, und außerdem freute ich mich auf die Liegen am beheizten Hotelpool und mein Buch. »Mir wird doch schon mulmig, wenn ich mit dem Aufzug in den siebten Stock fahre. Ich springe sicher nicht aus 1000 Metern Höhe irgendwo runter.«

»Drei«, murmelte Sven.

»Wie bitte?!«

»Du kannst beim Paragliding etwa 3000 Meter Flughöhe erreichen.«

Ich lachte auf und hoffte, dass es ironisch genug klang, um die Diskussion an dieser Stelle im Keim zu ersticken.

»Ich weiß, Gabi, ich weiß. Aber das Gefühl danach, das soll wirklich unbeschreiblich sein.«

»Von dem Danach kann ich mir aber nichts kaufen, wenn ich davor in Ohnmacht falle. Also bitte.«

»Aber die Tauben damals in Venedig, die hast du doch auch besiegt.«

»Indem ich ihnen aus dem Weg gegangen bin, ja!«

»Du willst mir jetzt aber nicht weismachen, dass du in Venedig, der Tauben-Stadt schlechthin, keine einzige Taube gesehen hast?«

»Nee, das nun nicht.« Bei der Erinnerung daran schüttelte es mich am ganzen Körper. »Eine tanzte sogar gurrend um mich herum.«

»Siehste«, sagte Sven und drehte ab. Er zwinkerte mir über die Schulter zu und ging zielstrebig auf die Dame an der sogenannten Action-Rezeption zu.

»Du immer mit deinem ›Siehste‹!«, rief ich ihm hinterher.

Beim Abendessen erzählte mir Sven, dass er mit Blick aufs Paragliding morgen jetzt doch ein ganz klein wenig aufgeregt sei.

»Man sitzt in so einem komischen Sitzgurt und gleitet dann von einem abschüssigen Hang einfach mitten in eine Bergschlucht.

So 10, 20 Minuten lang. Das musst du dir mal vorstellen! Wahnsinn, oder?«

»Und ob das Wahnsinn ist«, meinte ich. »Wir sind doch hier nicht bei Mission Impossible. Und du bist nicht Tom Cruise.«

»Leider!«, rief Sven, und wir lachten beide schallend.

Ich war froh, dass wir bis zum Digestif vom älteren Tom aus *Mission Impossible* zum jüngeren Tom und der Volleyball-Szene in *Top Gun* gekommen waren. Vor lauter Schwärmen über durchtrainierte Körper und glänzende Bauchmuskeln unter kalifornischer Sonne sprachen wir kein Wörtchen weiter über Höhenmeter. Beim Gute-Nacht-Sagen fragte mich Sven aber doch, ob ich ihn nicht morgen begleiten könnte. »Wenn du unten auf mich wartest, beruhigt mich das, glaube ich, ein bisschen.«

»Na klar! Aber wehe, du versuchst, mich umzustimmen. Bei deinem Höllenvorhaben mache ich nicht mit!«

»Nee, nee«, murmelte mein Freund.

Als uns das Shuttle der Flugschule am nächsten Vormittag abholte, war Sven euphorisch und ich immerhin neugierig. Ob es unser erstes Mal sei, fragte die Fahrerin, woraufhin Sven sofort begeistert losplapperte: »Ja, schon mein Leben lang wollte ich …«, »Nein, keine Übelkeit …«, »Ja, Vogelperspektive, ganz wunderbar!«. Wir fuhren an einem See vorbei, auf dem die Sonnenstrahlen glitzerten. Ich lauschte dem Gespräch meiner Mitfahrer mit halbem Ohr. Irgendwann legte ich den Kopf in den Nacken, spürte die Wärme auf meiner linken Wange. Der Pass, der hoch zur Flugschule führte, schlängelte sich enger durch die Landschaft als der in meinem Italienurlaub. Angenehm, dass ich heute nicht selbst fahren musste. In meinem Bauch machte sich jetzt zum ersten Mal an diesem Tag ein leichtes Kribbeln bemerkbar, das sich, Höhenmeter für Höhenmeter, steigern sollte.

Der Parkplatz neben der Gondelstation lag eingebettet zwischen Bergwänden, drum herum ein paar kleine Häuschen, die alle zur

Flugschule gehörten. Wir hielten in Gondelnähe und stiegen aus dem Kombi.

»Servus, i bin da Ambros«, stellte sich der Mann vor, der uns in Empfang nahm. Ich fragte mich, ob es einen tirolischeren Vornamen gab, der noch typischer gewesen wäre. Ambros, schätzungsweise ein paar Jährchen jünger als ich und ausgestattet mit sonnengegerbter Haut und einem perlweißen Gebiss, führte uns in eins der Häuser. Er hatte die Schule vor über 20 Jahren gegründet und flog, zusammen mit seinem Kollegen, bis zu fünfmal am Tag im Tandem mit seinen Gästen durch die Tiroler Bergwelten.

»Sieht schon mal vertrauenswürdig aus«, flüsterte ich Sven zu, während der seine Einweisung und einen Helm gereicht bekam.

»Sehr«, flüsterte Sven zurück.

Ambros schilderte, halb Schulstunde, halb Erlebnisbericht, was in der kommenden Stunde passieren würde: Nach der Einweisung würde es zunächst mit der Gondel noch mal knapp 1500 Meter hoch auf den Berg gehen, dann kämen die letzten Vorbereitungen und dann der Abflug. Die Worte »Riesengaudi« fielen diverse Male in Ambros' kleinem Vortrag.

Er würde mit Sven im Tandem springen. Mein Freund müsse nur im richtigen Moment losrennen, damit sie abheben konnten, um dann nach etwa 15 Minuten Gleitflug über den Bergen sanft im Tal auf seinem Hintern zu landen.

»Tut das nicht weh?«, rief ich dazwischen.

»A geh! Mir san doch gepolstert!«, erwiderte Ambros und zeigte auf eine Art dick gepolstertes Sitzkissen, das man mit den Sicherheitsgurten zusammen angeschnallt bekam.

Vom Schulungsraum aus konnte ich sehen, wie die Gondeln ein- und wieder abfuhren. Gleich würden sie auch uns auf knapp 3000 Meter hinaufschaukeln.

»Bist sicher, dass'd ned au wuist?«

Sven gab mir einen kleinen Knuff mit dem Ellenbogen. »Gabi, Ambros meint dich. Willst du nicht doch mitmachen?«

»Oh. Äh. Ich?« Und auf einmal war ich mir unsicher. Aber sicher war ich mir auch nicht. Ambros grinste.

»Ich weiß nicht«, sagte ich zu ihm und seinem strahlend weißen Gebiss.

»Von denen hier haben wir genug«, erwiderte er und zeigte auf den Gleitschirm, der, geschnürt wie ein Päckchen, beinahe harmlos aussah.

Aber nur beinahe. Allzu gut war mir noch in Erinnerung, wie mein Magen zuletzt auf der Aussichtsplattform der Hamburger Elbphilharmonie gekrampft hatte, weil ich mich etwas zu wagemutig übers Geländer gebeugt hatte. Andererseits: Wann würde mir als Nordlicht so ein Bergpanorama wohl wieder unterkommen?

Ambros sah mich erwartungsfroh an.

»Könnte ich mich auch erst oben entscheiden?«, platzte es aus mir heraus. »Würde das gehen?« Ich spürte, wie mich Sven von der Seite anstrahlte. Und auch Ambros lächelte. Mein Herz schlug jetzt etwas schneller.

Die Gondel setzte sich in Bewegung, als wäre die Fracht, die sie geladen hatte, federleicht. Diese Fracht bestand aus Sven, Ambros und mir sowie einem jungen Mann namens Thomas, der mein Sohn sein könnte und mit mir im Tandem springen würde, falls der sehr unwahrscheinliche Fall einträte und ich mich letztlich für das Paragliding entschied.

Während Sven mit seinem Gesicht fast vorne an der Scheibe der Gondel klebte, klammerte ich mich in der Mitte an einer der herabbaumelnden Lederschlaufen fest – um mich herum eine Handvoll Touristen, die mir mitleidige Blicke zuwarfen. Hin und wieder wippte die Gondel, dann stoppte sie kurz, dann wippte sie wieder, als würde sie Anlauf für etwas nehmen.

Sven und Ambros redeten ohne Punkt und Komma. Ich beteiligte mich nur mit »Jaja« oder »Ja, nee, klar« am Gespräch. Im Stillen aber lag ich im Zwiegespräch mit meiner Höhenangst. Während meiner Zeit in der Touristikbranche war ich unzählige Male geflogen, und das gerne. Selbst wenn es Turbulenzen gegeben hatte. Und auch die eine oder andere Gondelfahrt hatte ich ohne größere Komplikationen hinter mich gebracht – aber eher nur deswegen, weil am Ende kein Paragliding-Flug anstand, sondern eine Portion Germknödel auf einer sonnigen Skihütte. Doch an Bord dieser Riesengondel jagte mir jedes Wippen einen Blitz in die Magengegend.

Meine Sonnenbrille beschlug, obwohl es eher kühl war. War das etwa schon der Angstschweiß? Ich schob die Brille auf meiner Nase etwas nach vorn, um wieder freie Sicht zu bekommen. Auf den Kopf setzen konnte ich sie nicht, den schmückte nämlich bereits ein blauroter Helm, den mir Ambros etwas ungestüm aufgesetzt hatte. Ich fing an, mich zu fragen, an welcher Stelle er mein »Vielleicht« als ein »Ja« interpretiert hatte.

Ich hing weiter an meinem Lederriemen und konzentrierte mich auf den wippenden Horizont. Als ich zu Sven sah, merkte ich, dass auch sein Gesicht mittlerweile die Farbe Hellbeige angenommen hatte. Wie zur Hölle hatten es Tom Cruise und Val Kilmer hinbekommen, bei ihren Flugeinsätzen so schnieke auszusehen? Ich fühlte mich mit meinem Helm und dem Sicherheitsgeschirr wie der eingeschnürte Rollbraten, den meine Oma sonntags früher immer aufgetischt hatte.

»Mir ham's gleich«, hörte ich Thomas, wie Ambros ebenfalls gebürtiger Tiroler, wie durch Watte sagen.

Als die Gondel zum Stehen kam und sich die Schiebetüren öffneten, setzte ich meine auf halb acht hängende Sonnenbrille wieder akkurat auf die Nase. Der Nebel vor meinen Augen hatte sich verzogen, und herrlich klare Luft strömte mir entgegen. Als wir aus der Gondelstation traten, eröffnete sich uns ein Idyll aus grünen Wiesen, hohen Tannen und der noch immer ungebremst glitzernden Sonne – hätte nur noch gefehlt, dass Heidi und ihr Alm-Öhi um die Ecke kämen.

Während die Jungs strammen Schrittes vorpreschten, ließ ich mich ein bisschen zurückfallen. Bevor man mich hier gleich zu etwas überreden würde, brauchte Bauch-Gabi unbedingt eine Portion Kopf-Gabi: Das Gute am Paragliding war ja, dass man immerhin nicht aus einem Helikopter springen, sondern nur einen abschüssigen Hang hinunterrennen musste, bis man quasi automatisch abhob. Das Blöde an einem Hang aber war, dass man rennen musste, ohne das Ziel zu sehen. War das nicht lebensmüde? Sollte ich das einfach machen? Wollte ich mit einer *Bucketlist* durchs Leben rennen, oder wollte ich leben? Wobei leben in diesem Fall springen, loslassen, vertrauen hieß. Mein Kopf half mir in diesen Minuten kaum.

»S' Wetter isch scho mal perfekt, Gabi«, rief mir Thomas über die Schulter zu. Perfekt wofür, fragte ich mich. Um den letzten Tag meines Lebens zu haben? Würde das hier meine optische Henkersmahlzeit werden? Als wir auf der sogenannten Abflugweide angekommen waren, schnallte er uns beide aneinander und dann an den Gleitschirm. Beim Tandem-Paragliding wird der Schüler vor den Lehrer gegurtet. Das heißt, im Ernstfall wäre ich die Erste, die den Abhang runterfiele, während Thomas fein raus wäre. Irgendwie unfair, oder? Statt mit einem verkrampften Magen zu reagieren, musste ich bei der Vorstellung ein bisschen lachen. Es kribbelte in meinem Bauch, aber nicht unbedingt unangenehm.

Sven und Ambros hatten sich etwa 50 Meter von uns entfernt auf dem Hang in Position gebracht. »Rennen, abheben, genießen«, so hatten die Profis das Prozedere in der Einweisung erklärt. Thomas zeigte jetzt beide Daumen hoch in Ambros' Richtung.

»Top!«, rief der begeistert zu uns herüber. Und dann: »Ihr zuerst!«

Ein enormer Windstoß sorgte dafür, dass mir für einen Moment die Luft wegblieb.

Thomas fasste mich von hinten am Arm: »Schau her, Gabi. I zähl' von Fünf runter. Auf Fünf rennen wir los. Alles wie besprochen. Und wenn i Jetzt ruf', hebst du einfach die Beine an. Ois easy. Den Rest regeln scho' der Luftdruck und i.«

Mein Herz pochte bis hoch zu den Schläfen. Sprechen konnte ich nicht, aber ich nickte.

»Also, los geht's. Fünf!«, hörte ich Thomas rufen.

Ich trippelte los. Ein Blitz fuhr durch meinen Körper, wie beim Schaukeln auf einer Kinderschaukel, nur tausendmal besser.

»Schneller, viel schneller!«, spornte Thomas mich an.

Ich war seit den Bundesjugendspielen nicht mehr gerannt, aber ich tat, wie mir geheißen. Bucketlist oder leben? Abbrechen oder loslassen? Einatmen, ausatmen.

»Vier!«

Bis zum Abhang war es noch ein Stück. Ich könnte mich immer noch einfach seitlich ins Gras werfen, schoss es mir durch den Kopf, und stopp schreien, und nichts würde passieren. Oder jemand könnte uns den Weg versperren – wo sind eigentlich Heidi und ihr Großvater, wenn man sie braucht? Oder ich könnte aufhören nachzudenken und mich gleich, wenn Thomas das Kommando gab, einfach zurücklehnen – und schweben.

»Super, Gabi, weiter, weiter!«, hörte ich Thomas wieder wie durch Watte rufen. »Drei!«

Dank des Hangs nahmen wir wie von selbst Fahrt auf. Ich richtete meinen Blick auf die löchrige Wolkendecke, die, durchzogen von Blau, vor mir lag.

»Zwei!«

Was für eine warme Farbe Blau doch war. Von hier oben sahen

die Wolken so aus, als wären sie aus Samt. Der Abhang lag jetzt unmittelbar vor uns. Einatmen, ausatmen.

Und dann hörte ich Thomas rufen: »Jetzt oder nie, Gabi!«

Wie, jetzt schon?!

»Eins!«

Anmerkungen

Konventionen? Nein danke!
Oder: Wie ich Hamburgs berühmteste Partnervermittlerin wurde

1 »Base II. Berliner Altersstudie II« (2020), Charité – Universitätsmedizin Berlin, Humboldt-Universität zu Berlin, Max-Planck-Institut für Bildungsforschung, Sozio-oekonomisches Panel Universität zu Lübeck, Universität Tübingen, www.base2.mpg.de/de, zuletzt aufgerufen am 1.6.2024.
2 Susanne Billig und Petra Geist: »Lust ohne Ende« (23.1.2020), www.deutschlandfunkkultur.de/sexualitaet-im-alter-lust-ohne-ende-100.html, zuletzt aufgerufen am 1.6.2024.
3 Witt-Gruppe.eu (September 2024): »Witt-Studie: So lebt und liebt die Generation 50+ in Deutschland«, zuletzt aufgerufen am 11.9.2024.
4 Ebd.

Alleinsein kann man lernen. Oder: Der Zauber eines Solo-Dates

1 Sarah Diehl: *Die Freiheit allein zu sein*, Zürich, 2022.
2 Parship.de (9.1.2020): »Kommunikation oder Körperkontakt? Das Geheimnis glücklicher Paare«, www.parship.de/studien/parship-studie-kommunikation-oder-koerperkontakt-das-ist-das-geheimnis-gluecklicher-paare/, zuletzt aufgerufen am 1.6.2024.
3 Menelaos Apostolou: »What Makes Single Life Attractive: an Explorative Examination of the Advantages of Singlehood« (Oktober 2022), www.researchgate.net/publication/364091840_What_Makes_Single_Life_Attractive_an_Explorative_Examination_of_the_Advantages_of_Singlehood, zuletzt aufgerufen am 1.6.2024.
4 Cornelia Kazis: »Witwen bleiben in unserer Gesellschaft unscheinbar – dabei könnten wir viel von ihnen lernen«, Neue Zürcher Zeitung (30.9.2019), www.nzz.ch/wochenende/gesellschaft/witwen-und-resilienz-was-uns-alleinstehende-frauen-lehren-ld.1510900, zuletzt aufgerufen am 1.6.2024.

5 Cornelia Kazis: *Weiterleben, weitergehen, weiterlieben*, Zürich, 2019.
6 Naomi I. Eisenberger, Shelley E. Taylor et. al.: »Neural pathways link social support to attenuated neuroendocrine stress responses«, National Library of Medicine (Mai 2007), www.ncbi.nlm.nih.gov/pmc/articles/PMC2710966/, zuletzt aufgerufen am 1.6.2024.
7 Pat Vaughan Tremmel: »Adults who go to bed lonely get stress hormone boost next morning«, Northwestern University (31.10.2006), www.northwestern.edu/newscenter/stories/2006/10/adam.html, zuletzt aufgerufen am 1.6.2024.
8 Oliver Huxhold, Georg Henning: »The Risks of Experiencing Severe Loneliness Across Middle and Late Adulthood«, *The Journals of Gerontology* (11.7.2023), https://academic.oup.com/psychsocgerontology/article/78/10/1668/7222596?login=false, zuletzt aufgerufen am 1.6.2024.
9 Tagesschau am 7.9.2024 via Opentable.de, www.instagram.com/reel/C_mrjqzoZG2/?utm_source=ig_web_copy_link, zuletzt aufgerufen am 10.9.2024.
10 Sarah Diehl: *Die Freiheit allein zu sein*, Zürich, 2002, S. 365.

It takes two to tango! Oder: Wo lerne ich ihn oder sie kennen?

1 Yvonne Maier: »Dem Tod begegnen – Trauern ist ein Zeichen von Liebe« (20.9.2023), www.ardalpha.de/wissen/psychologie/tod-trauer-liebe-begleitung-verlust-beziehung-100.html, zuletzt aufgerufen am 1.6.2024.
2 Bitkom.org (2022): »10 Jahre Tinder und 5 Fakten zum Online-Dating 2022«, www.bitkom.org/Presse/Presseinformation/10-Jahre-Tinder-Fakten-Online-Dating-2022, zuletzt aufgerufen am 1.6.2024.
3 Gabriela Herpell: »Unsere Umgebung hat das Potenzial, uns gesund zu halten«, *Süddeutsche Zeitung Online* (24.1.2022), https://sz-magazin.sueddeutsche.de/leben-und-gesellschaft/raeume-psychologie-architektur-gesundheit-emily-anthes-91147?reduced=true, zuletzt aufgerufen am 1.6.2024.
4 *Geo Wissen*, 1.12.2016, Nr. 58, S. 24–31, »Die Jagd nach dem perfekten Match«, Ute Eberle.
5 Marktforschung.de (24.2.2016): »Virtueller Kontakt oder lieber persönlich?«, www.marktforschung.de/marktforschung/a/virtueller-kontakt-oder-lieber-persoenlich/, zuletzt aufgerufen am 1.6.2024.
6 Statista.de (10.6.2024): »Wo haben Sie Ihren Partner/Ihre Partnerin kennengelernt?«, https://de.statista.com/statistik/daten/studie/1025036/umfrage/umfrage-in-deutschland-zum-ort-des-kennenlernens-des-partners/, zuletzt aufgerufen am 1.6.2024.
7 Kartenmacherei.de (o. J.): »Mehr als jede:r Fünfte findet die Liebe über das Internet und Dating-Apps«, www.kartenmacherei.de/hochzeitsstudie/#dating, zuletzt aufgerufen am 1.6.2024.
8 Arthur Aron, Edward Melinat et. al.: »The Experimental Generation of Interpersonal Closeness: A Procedure and Some Preliminary Findings« (April 1997), https://journals.sagepub.com/doi/10.1177/0146167297234003, zuletzt aufgerufen am 1.6.2024.

Flirty Talk?! Oder: Was, wenn der letzte Flirt 30 Jahre her ist?

1 Brigitte.de (13.7.2010): »Wenn aus Freundschaft Liebe wird«, www.brigitte.de/woman/leben-lieben/liebe-sex/verliebt-in-einen-freund--wenn-aus-freundschaft-liebe-wird-10182630.html, zuletzt aufgerufen am 1.6.2024.

Mein erstes Date. Oder: Warum fühle ich mich wieder wie 20?

1 APA PsycNet (Juni 2015): »Secular changes in late-life cognition and well-being: Towards a long bright future with short brisk ending?«, https://psycnet.apa.org/buy/2015-12029-001, zuletzt aufgerufen am 1.6.2024.
2 World Health Organisation (5.10.2022): »Physical activity«, www.who.int/news-room/fact-sheets/detail/physical-activity, zuletzt aufgerufen am 1.6.2024.
3 Statista.de (August 2017): »Wo würden Sie am liebsten ein erstes Date haben?«, https://de.statista.com/statistik/daten/studie/875737/umfrage/umfrage-zu-den-besten-orten-fuer-das-erste-date-nach-geschlecht/, zuletzt aufgerufen am 1.6.2024.

Die hängenden Gärten von …
Oder: Alternde Körper, tiefe Falten und das richtige Licht

1 *Meine Stunden mit Leo* (Originaltitel: *Good Luck to You, Leo Grande*), Tragikomödie von Sophie Hyde, Searchlight Pictures, Großbritannien 2022.
2 Szene aus *Meine Stunden mit Leo* (Originaltitel: *Good Luck to You, Leo Grande*), Tragikomödie von Sophie Hyde, Searchlight Pictures, Großbritannien 2022.
3 Dieter Oßwald: »Wir sind es einfach nicht gewöhnt, normale Körper zu sehen«, Indiekino.de (o. J.), www.indiekino.de/news/de/wir_sind_es_einfach_nicht_gewoehnt_normale_koerper_zu_sehen, zuletzt aufgerufen am 1.6.2024.
4 Szene aus *Eat, Pray, Love* (Originaltitel: *Eat, Pray, Love*), Liebeskomödie von Ryan Murphy, Sony Pictures, USA 2010.
5 *Neueinhalb Wochen* (Originaltitel: 9 1/2 Weeks), Erotikfilm von Adrian Lyne, 20th Century Studios, USA, 1986.
Fifty Shades of Grey – Geheimes Verlangen (Originaltitel: Fifty Shades of Grey), Erotikfilm von Sam Taylor-Johnson, Universal Pictures, USA, 2015.
6 Spektrum.de (o. J.): »Lexikon der Psychologie – mere-exposure-Effekt«, www.spektrum.de/lexikon/psychologie/mere-exposure-effekt/9583, zuletzt aufgerufen am 1.6.2024.
7 Nataly Bleuel: »Warum fühlen wir uns jünger als wir sind?« (18.5.2023), www.zeit.de/2023/21/alter-wahrnehmung-gesundheit-lebenserwartung-studien, zuletzt aufgerufen am 1.6.2024.
8 Statistisches Bundesamt (2024): »Entwicklung der Lebenserwartung in Deutschland«, www.destatis.de/DE/Themen/Gesellschaft-Umwelt/Bevoelkerung/Sterbefaelle-Lebenserwartung/sterbetafel.html, zuletzt aufgerufen am 1.6.2024.

Nach dem Treffen ist vor dem *Mindfuck*. Oder: Wer meldet sich zuerst?

1 Watson (7.2.2024): »›Parallelen mit Zwangsstörung‹ – wie die Liebe unser Gehirn auf den Kopf stellt«, www.watson.ch/leben/wissen/912127615-das-passiert-in-deinem-gehirn-wenn-du-verliebt-bist, zuletzt aufgerufen am 1.6.2024.

Sexting, Nudes und One-Night-Stands. Oder: Die wilden Jahre fangen jetzt an!

1 Nicola Döhring, M. Rohangis Mohseni: »Are Online Sexual Activities and Sexting Good for Adults' Sexual Well-Being? Results From a National Online Survey« (8.12.2017), www.tandfonline.com/doi/full/10.1080/19317611.2018.1491921, zuletzt aufgerufen am 1.6.2024.

2 E.L. James: *Fifty Shades of Grey*, München, 2012.
Anaïs Nin: *Das Delta der Venus*, Bern/München, 1980.
Paulo Coelho: *Elf Minuten*, Zürich, 2005.

3 Thomas Vasek: »Was ist guter Sex?«, Hohe Luft (11.2.2022), www.hoheluft-magazin.de/2022/02/was-ist-guter-sex/, zuletzt aufgerufen am 10.9.2024.